# BUDDHA BOWLS
# Vegan

ÜBER 50 GESUNDE UND NACHHALTIGE REZEPTE

JESSICA LERCHENMÜLLER

# BUDDHA BOWLS *Vegan*

ÜBER 50 GESUNDE UND NACHHALTIGE REZEPTE

EMF

EIN BUCH DER
EDITION MICHAEL FISCHER

# INHALT


All in a Bowl 9
Vegan ist alles andere als langweilig 10
Wie kommt der Buddha zur Bowl? 10
Gute Gründe vegane Buddha Bowls zu lieben 11
Makronährstoffe 11
Mikronährstoffe 12
Das Highlight einer Bowl: das Topping 13
Süße Toppings 13
Pikante Toppings 13
TOPPING-REZEPTE 14
Mandel-Zimt-Granola 14
GERÖSTETE NÜSSE 15
Karamell-Zimt-Nüsse 15
Salzige Gewürz-Nüsse 15
Bowl-Vorratsschrank 16
Getreide & Pseudogetreide 16
Hülsenfrüchte 17
Nüsse, Samen und Kerne 18
Basic-Rezept: Nuss- oder Samenmus 19
AUFSTRICHE & DIPS 20
Guacamole 20
Natur-Hummus 20
Rote-Bete-Hummus 21
Süßkartoffel-Curry-Hummus 21
WEITERE DIP-IDEEN 22
Joghurt-Dip 22
Orientalischer Dip 22
Cashew-Schokoladen-Aufstrich 23
VEGANE DRESSINGS 24
Asia-Dressing 24
Aceto-balsamico-Dressing 24
Apfel-Senf-Dressing 25
Zitronen-Minz-Dressing 25
Cremiges Nuss-Dressing 25

## FRÜHSTÜCKS-BOWLS 26

Creamy-Banana-Bowl 28
Overnight-Oats-Bowl 30
Peanutbutter-Bowl 32
Mohn-Pancakes-Bowl 34
Balanced-Morning-Bowl 36
Easy-Breakfast-Bowl 38
Grießbrei-Bowl 40
Matcha-Pudding-Bowl 42
Fancy-Frittata-Bowl 44
Scrambled-Eggs-Bowl 46

## SALAT-BOWLS 48

Super-Sommer-Bowl 50
Fruity-Quinoa-Bowl 52
Spicy-Asia-Bowl 54
Pink-Chicorée-Bowl 56
Out-of-the-Garden-Bowl 58
Linsensalat-Bowl 60
Wildreis-Salat-Bowl 62
Gurkensalat-Bowl 64
Greek-Dolmades-Bowl 66
Rainbow-Bowl 68

## BOWLS FÜR UNTER DER WOCHE 70

Tagliatelle-Bowl 72
Jackfruit-Nacho-Bowl 74
Quinoa-Möhren-Bowl 76
Eat-your-Greens-Bowl 78
Pfifferling-Zucchini-Bowl 80
Mexican-Rice-Bowl 82
Hot-Creamsoup-Bowl 84
Bella-Italia-Bowl 86
Easy-Pasta-Bowl 88
One-Pot-Buchweizen-Bowl 90
Crêpes-Bowl 92

## DINNER-BOWLS 94

Bohnen-Kakao-Bowl 96
1001-Nacht-Bowl 98
Oriental-Curry-Bowl 100
Cashew-Polenta-Bowl 102
Blumenkohlbällchen-Bowl 104
Fenchel-Dal-Bowl 106
Geröstete Kürbis-Bowl 108
Ofengemüse-Bowl 110
Full-Protein-Bowl 112
Kürbis-Risotto-Bowl 114
Kürbis-Burger-Bowl 116
Colorful-Asia-Bowl 118
Blumenkohlreis-Bowl 120

## DESSERT-BOWLS 122

Fruchtige Beeren-Bowl 124
Banana-Dream-Bowl 126
Easy-Coconut-Bowl 128
Hot-and-Cold-Bowl 130
Zwetschgenkuchen-Bowl 132
Very-Berry-Crumble-Bowl 134
Hüttenzauber-Bowl 136

Register 138
Danksagung 142
Über die Autorin 143

# ALL IN A BOWL

Essen bietet eine wunderbare Gelegenheit, gemeinsam am Tisch Platz zu nehmen und eine reichhaltige Mahlzeit aus frischen Zutaten zu genießen. Dabei muss es nicht immer ein kompliziertes Gericht mit exotischen Produkten sein. Vielmehr sind es pflanzliche Zutaten und einfache Gerichte für jeden Tag, die in einer prall gefüllten, bunten Schüssel nach dem eigenen Geschmack miteinander kombiniert werden.

Bei der Auswahl der Zutaten steht uns die ganze Welt offen: Reis, Bananen oder Pak Choi aus der Ferne und Kartoffeln, Äpfel oder Rote Bete aus der Landwirtschaft der Nachbarschaft. Die Einstellung zur Ernährung und die Bedeutung der Herkunft der Lebensmittel hat sich in den vergangenen Jahren grundlegend verändert. Viele haben die Begeisterung zum Kochen für sich entdeckt und legen mehr Wert auf eine ausgewogene Ernährung. Einige davon haben dabei die Vielfalt der pflanzlichen Ernährung erkannt und sich auf eine kulinarische Reise durch die vegane Geschmacksvielfalt begeben. Dabei sind vegane Bowls unumgänglich.

Buddha Bowls sind mehr als nur ein Trend, denn sie sind die wohl kreativste Möglichkeit, Genuss und Wohlbefinden in einer Mahlzeit miteinander zu verbinden. Die unterschiedlichen Zutaten können nach Lust und Laune miteinander kombiniert und individuell auf den Bedarf an Nährstoffen angepasst werden. Aus Getreide, knackigem Gemüse, längst vergessenen Hülsenfrüchte-Sorten und einem knusprigen Topping lassen sich viele gesunde und alltagstaugliche Gerichte kreieren. Vom Frühstück bis zum Dinner, von einfachen und schnell zubereiteten Bowls bis hin zu gemütlichen Gathering-Bowls für gemeinsame Kochabende mit Freunden lässt dieses Buch mit veganen Buddha Bowl Rezepten alle Herzen höherschlagen, die sich nach gesundem Comfort-Food mit Gewürzen und Aromen aus der ganzen Welt sehnen. Alle Rezepte in diesem Buch sind für 2 Personen ausgelegt.

## LEGENDE

**NACH DIESER ZEIT STEHT DIE BOWL FERTIG AUF DEM TISCH**

**HIER ÜBERNIMMT DER OFEN VIEL ARBEIT DIE TEMPERATURANGABEN BEZIEHEN SICH AUF OBER- UND UNTERHITZE**

# VEGAN IST ALLES ANDERE ALS LANGWEILIG

Noch nie hatten wir Zugang zu einer solchen Vielzahl an Lebensmitteln aus der eigenen Region und fernen Ländern rund um den Globus wie heutzutage. Allein, wenn auf die fünf Lebensmittelgruppen – Obst, Gemüse, Vollkorngetreide, Hülsenfrüchte, Samen und Nüsse – zurückgegriffen wird, lässt sich aus dem Vollen schöpfen. Eine vegane Ernährung ist alles andere als langweilig, sondern vielmehr eine kulinarische Reise, die voller Nährstoffe, Überraschungen und Geschmackserlebnisse steckt.

## WIE KOMMT **DER BUDDHA ZUR BOWL?**

Seit einigen Jahren schon sorgen Buddha Bowls für außergewöhnliche Geschmacksmomente. Ganz gleich, ob Frühstück, Lunch oder Dinner – die prall gefüllten Schalen machen große Lust, neue, gesunde Leckereien auszuprobieren.

Doch wie kommt eigentlich der Buddha zur Bowl? Während der Begriff „Bowl" lediglich die englische Übersetzung für „Schale" ist, bedeutet das Wort „Buddha" aus dem Sanskrit übersetzt „der Erwachte". Diese wortwörtliche Übersetzung hat jedoch nur wenig mit dem bunten Trend aus der USA und seiner Namensgebung zu tun. Vielmehr lässt sich der Begriff vom Erscheinungsbild eines Buddhas – oder besser gesagt eines Buddha-Bauches – herleiten. Von vorne betrachtet, wölben sich die Zutaten der prall gefüllten Bowls ähnlich wie ein Buddha-Bauch aus der Schale hervor.

Weniger weit hergeholt ist die Erklärung durch den Begriff „Ōryōki". Dabei handelt es sich um ein Essensritual einer alten zen-buddhistischen Tradition, bei der aus unterschiedlich großen Schüsseln gegessen wird. Die größten Schüsseln werden dabei von den Mönchen auch „Buddha Bowl" genannt.

# GUTE GRÜNDE VEGANE BUDDHA BOWLS ZU LIEBEN

Bei der Zubereitung von veganen Buddha Bowls sind der Kreativität keine Grenzen gesetzt. Die unterschiedlichen Zutaten können nach Lust und Laune miteinander kombiniert werden. So können Obst und Gemüse im Rhythmus der Jahreszeiten ausgetauscht werden. Aber auch die Getreidesorten, Nüsse und Samen lassen sich ganz nach dem persönlichen Geschmack ersetzen. So entsteht plötzlich ein neues, nährstoffreiches Geschmackserlebnis in der Schüssel.

## MAKRONÄHRSTOFFE

Zu den drei Makronährsoffen zählen Kohlenhydrate, Proteine und Fette. Sie sind die Hauptlieferanten für Nährstoffe in unserer Nahrung, und unser Körper bezieht durch sie die lebensnotwendige Energie.

### Kohlenhydrate

Kohlenhydrate bilden meist den größten Teil in unserer Ernährung – etwa die Hälfte bis ein Drittel. Sie enthalten komplexe Zuckermoleküle und sind der Treibstoff für unseren Körper und der Energielieferant für unsere Zellen. Dabei kann zwischen kurzkettigen und langkettigen Kohlenhydraten unterschieden werden. Je länger die Kette der Kohlenhydrate, desto länger dauert die Aufspaltung ihrer Moleküle und ihre Aufnahme in den Blutkreislauf. Während kurzkettige Kohlenhydrate den Blutzucker schnell ansteigen lassen, versorgen die langkettigen Exemplare unseren Körper nachhaltig mit Energie.
Dazu zählen:

- Hülsenfrüchte (Linsen, Kichererbsen etc.)
- Kartoffeln
- Obst
- Quinoa
- Reis
- Trockenobst
- Vollkorngetreide

### Proteine

Proteine bestehen aus verschiedenen Bausteinen, den sogenannten Aminosäuren. Diese sind an einer Vielzahl von wichtigen Prozessen in unserem Körper, z. B. dem Zellwachstum, beteiligt. Von den insgesamt 20 essentiellen Aminosäuren werden mehr als die Hälfte vom Körper selbst produziert. Die restlichen 8 Aminosäuren werden über die Nahrung aufgenommen. Diese können nicht nur durch Fisch und Fleisch, die voller Eiweiß stecken, aufgenommen werden, sondern auch durch zahlreiche pflanzliche Lebensmittel, die von unserem Körper ebenso verarbeitet werden wie tierische. Dazu zählen:

- Bohnen, Kichererbsen, Linsen
- Kürbiskerne, Hanfsamen, Chia-Samen, Mandelkerne, Cashewkerne, Haselnusskerne
- Quinoa, Haferflocken, Hirse, Lupinen
- Soja, Tofu, Tempeh, Seitan

### Fette

Fette sind Energiespeicher und Baustoffe für verschiedene Bereiche im Körper. Überschüssige Energie wird vom Körper in Form von Fett eingelagert. Als Baustoff übernehmen Fette eine wichtige Aufgabe im Herstellungsprozess von Zellen. Die Zellmembran selbst besteht aus Fett. Zudem sind einige Vitamine ausschließlich fettlöslich. Das heißt, sie können vom Körper nur in Kombination mit Fetten aufgenommen und verarbeitet werden. Während gesunde Fette den Körper bei wichtigen Prozessen im Organismus unterstützen, können verarbeitete und gehärtete Fette dem Körper langfristig schaden. Gesunde Fette sind in zahlreichen pflanzlichen Lebensmitteln zu finden, dazu gehören Omega-6-Fettsäuren, die in tierischen Fetten enthalten sind, aber auch durch eine pflanzliche Ernährung, z. B. in zahlreichen Ölen wie Sesamöl, Sojaöl oder Sonnenblumenöl, sehr gut abgedeckt werden können. Omega-3-Fettsäuren hingegen kommen bei einer veganen Ernährung oftmals zu kurz. Durch die Einnahme von 1 TL Leinöl oder Hanföl kann der Bedarf aber dennoch gut gedeckt werden. Dazu gehören:

- Avocado
- Oliven
- Nüsse, Samen und Kerne

## MIKRONÄHRSTOFFE

Mikronährstoffe sind Spurenelemente. Dazu zählen sowohl Vitamine als auch Mineralstoffe. Obwohl Mikronährsoffe im Gegensatz zu Makronährstoffen in nur geringen Mengen benötigt werden, sind sie ebenso essentiell für eine gesunde Funktion des Körpers, z. B. für Zellschutz sowie gesunde Haut, Haare und Nägel. Mikronährsoffe können nicht vom Körper selbst produziert werden und müssen über Lebensmittel aufgenommen werden. Wie viel von den jeweiligen Mikronährstoffen täglich zugeführt werden muss, hängt vom Alter, dem Geschlecht und der Lebenssituation ab.

### Calcium

Calcium ist ein wichtiger Nährstoff für Knochen und Zähne. Zudem spielt er eine wichtige Rolle für die Funktion von Muskeln, Nerven, Blutgerinnung und Hormonausschüttung.

- z. B. Grünkohl, Spinat, Mangold, weiße Bohnen, Mandeln, Sesam, Tofu

### Zink

Zink wird für den Stoffwechsel von Proteinen, das Immunsystem und das Sehvermögen benötigt.

- z. B. Vollkorngetreide, Hülsenfrüchte, Haferflocken, Kürbiskerne, Erdnusskerne, Paranusskerne

### Jod

Jod ist für das Schilddrüsenhormon essentiell. Dieses Hormon wird von unserem Körper zur Bildung von Knochen und Verstoffwechslung der Makronährstoffe benötigt.

- z. B. Algen, Speisesalz, Champignons, Brokkoli, Erdnusskerne

### Eisen

Eisen sorgt für den Sauerstofftransport im Körper als auch für den Prozess der Energiebereitstellung in unseren Zellen.

- z. B. Amarant, Quinoa, Linsen, Kidneybohnen, Sesam, Sonnenblumenkerne, Kardamom, Zimt

### Selen

Selen ist für ein gesundes Immunsystem und die Entgiftungsprozesse im Körper zuständig. Zudem verfügt es über eine antioxidative Wirkung und unterstützt die Bildung von Schilddrüsenhormonen.

- z. B. Paranusskerne, Cashewkerne, Sonnenblumenkerne, Kokosnuss, Haferflocken, Reis, Pilze, Linsen, Brokkoli, weiße Bohnen

### Vitamin B

Vitamin B fasst acht Vitamine zusammen. Die meisten davon können durch eine pflanzliche Ernährung gedeckt werden. Für Vitamin $B_{12}$ gibt es jedoch keine nährstoffdeckende pflanzliche Quelle und wird deshalb häufig supplementiert. Vitamin $B_{12}$ wird zur Vervielfältigung unserer DNA sowie zur Neubildung von Proteinen benötigt.

- z. B. Hülsenfrüchte, Bananen, Spinat, Erbsen, Linsen, Grünkohl, Brokkoli, Sesam, Sonnenblumenkerne

# DAS HIGHLIGHT EINER BOWL: DAS TOPPING

## SÜSSE TOPPINGS

**Nüsse (geröstet, gehackt oder gemahlen)**

- z. B. Cashewkerne, Haselnusskerne, Mandelkerne, Macadamiakerne, Paranusskerne, Pekanusskerne verfeinert mit Ahornsirup, Zimt oder Vanille

**Samen (geröstet oder gemahlen)**

- z. B. Buchweizen, Hanfsamen, Kürbiskerne, Leinsamen, Sesam, Sonnenblumenkerne verfeinert mit Ahornsirup, Zimt oder Vanille

**Trockenfrüchte**

- z. B. Aprikosen, Datteln, Feigen, Goji-Beeren, Himbeeren, Mangos

**Früchte der Saison**

- z. B. Apfel- oder Birnenspalten, Bananenscheiben, Beeren

**Granola** (z. B. siehe S. 14)

**Kompott, Marmelade, Nuss- und Samenmus**

**Gewürze**

- z. B. Backkakao, Lebkuchengewürz, Zimt

## PIKANTE TOPPINGS

**Nüsse (geröstet, gehackt oder gemahlen)**

- z. B. Cashewkerne, Haselnusskerne, Mandelkerne, Macadamiakerne, Paranusskerne, Pekanusskerne vefeinert mit Salz, Pfeffer und Gewürzen

**Samen (geröstet oder gemahlen)**

- z. B. Buchweizen, Hanfsamen, Kürbiskerne, Leinsamen, Sesam, Sonnenblumenkerne verfeinert mit Salz, Pfeffer und getrockneten Kräutern

**Sprossen**

- z. B. Sojasprossen, Gartenkresse

**Pikantes Granola** (z. B. siehe S. 14)

**Dips** (z. B. siehe S. 20–23)

**Gewürze**

- z. B. Chiliflocken, Knoblauchpulver, Kräutersalz

# TOPPING-REZEPTE

## MANDEL-ZIMT-GRANOLA

### ZUTATEN

3 EL Kokosöl

3 EL Ahornsirup

2 EL Mandelmus

3 EL geschälte Hanfsamen

200 g Großblatt-Haferflocken

50 g Dinkelflocken

100 g geschälte Mandeln

1 EL gemahlener Zimt

### SO GEHT'S

1 Den Backofen auf 180 °C (Ober-/Unterhitze) vorheizen und ein Backblech mit Backpapier auslegen. Kokosöl, Ahornsirup und Mandelmus in eine kleine Schüssel geben und verrühren. Dann Hanfsamen, Hafer- und Dinkelflocken, Mandeln und Zimt in einer großen Schüssel vermischen, die flüssigen Zutaten hinzufügen und gründlich vermengen.

2 Die Masse auf das Backblech geben und mit den Händen etwas zusammendrücken. Dadurch entstehen später kleine, knusprige Stücke. Anschließend gleichmäßig auf dem Blech verteilen und im heißen Ofen ca. 25 Minuten goldbraun backen. Nach etwa 10 Minuten mit einem Holzlöffel wenden. Anschließend aus dem Ofen nehmen, abkühlen lassen und in ein großes, luftdichtes Vorratsglas füllen.

**TIPP**

Für eine pikante Granola-Alternative den Zimt und den Ahornsirup durch ½ TL Salz und ½ TL Kräuter nach Wahl ersetzen.

# GERÖSTETE NÜSSE

## KARAMELL-ZIMT-NÜSSE

### ZUTATEN

200 g Nüsse und Samen nach Wahl

1 EL gemahlener Zimt

3 EL Ahornsirup

Salz

### SO GEHT'S

1 Nüsse und Kerne in einer Pfanne ohne Fett bei mittlerer Hitze ca. 7 Minuten unter ständigem Rühren rösten. Nach 5 Minuten die Hitze reduzieren. Anschließend Zimt, Ahornsirup und 1 Prise Salz einrühren und noch 2 Minuten weiterrösten. Danach den Nussmix abkühlen lassen und zur Aufbewahrung in ein luftdichtes Vorratsglas füllen.

## SALZIGE GEWÜRZ-NÜSSE

### ZUTATEN

200 g Nüsse und Samen nach Wahl

½ TL Salz

1 TL Gewürze (z. B. Curry, Knoblauchpulver etc.)

### SO GEHT'S

2 Nüsse und Kerne in einer Pfanne ohne Fett bei mittlerer Hitze ca. 7 Minuten unter ständigem Rühren rösten. Nach 5 Minuten die Hitze reduzieren. Anschließend das Salz und die Gewürze einrühren und noch 2 Minuten weiterrösten. Danach den Nussmix abkühlen lassen und zur Aufbewahrung in ein luftdichtes Vorratsglas füllen.

# BOWL-VORRATSSCHRANK

Schön angerichtet oder gut durchgemischt, süß oder pikant – eines haben die Buddha Bowls gemeinsam: Sie sind bunt, reichhaltig, sättigend und gesund. Neben Getreide zählen insbesondere Hülsenfrüchte zu den Basics einer reichhaltigen, veganen Bowl. Ergänzt werden diese beiden elementaren Zutaten durch die unterschiedlichsten Obst- und Gemüsesorten. Nüsse, Kerne, Samen und Sprossen sind beliebte Toppings und sorgen nicht nur für einen zusätzlichen Geschmack und Biss, sondern liefern ebenso wichtige Nährstoffe.

## GETREIDE & PSEUDOGETREIDE

Getreide und Pseudogetreide-Sorten zählen zu den wichtigsten Grundnahrungsmitteln und liefern uns bei jeder Mahlzeit die notwendige Energie. Sie sind reich an essentiellen Nährstoffen wie Ballaststoffen, Proteinen, Mineralien sowie Vitaminen. Getreide und Pseudogetreide ist vielfältig kombinierbar. Gerade bei Bowls sorgt dies für eine willkommene Abwechslung. So kann anstelle von Reis ebenso gut auch Quinoa oder Couscous verwendet werden.

### GRUNDTECHNIK: GETREIDE & PSEUDOGETREIDE RICHTIG ZUBEREITEN

#### Die Zubereitung

1. Das Getreide in ein feinmaschiges Sieb geben und so lange mit Wasser abspülen, bis es klar ist. Dabei mit der Hand im Uhrzeigersinn die Körner aneinanderreiben. Dadurch werden Schmutz und überschüssige Stärke entfernt. Anschließend das Wasser gut abtropfen lassen.
2. Das gewaschene Getreide in ein verschließbares Glas geben und mit derselben Menge warmem Wasser wie zum Kochen bedecken. 1 EL Apfelessig hinzufügen und für 8–24 Stunden – idealerweise über Nacht – einweichen lassen. Anschließend das Wasser abgießen und das Getreide in einem feinmaschigen Sieb erneut abspülen.
3. Nun reichlich Wasser mit 1 Prise Salz in einen entsprechend großen Kochtopf geben und aufkochen lassen. Pro 100 g wird ¼ TL Salz empfohlen. Das Salzwasser aufkochen lassen, die Temperatur reduzieren und das Getreide einrühren. Den Topfdeckel darauflegen und nach Packungsanleitung garen lassen. Kurz vor Ende der Kochzeit den Topf vom Herd nehmen und für weitere 4–5 Minuten vor dem Servieren ziehen lassen.

### TIPP

Obwohl Getreide nicht wie Hülsenfrüchte zwingend vor dem Kochen eingeweicht werden müssen, ist es dennoch empfehlenswert, das zu machen, da schwer verdauliche Proteine so aufgeschlüsselt, die Phytinsäure entfernt und die Kochzeit deutlich reduziert wird. Die Phytinsäure verhindert nämlich die Aufnahme bestimmter Mineralien, die im Getreide enthalten sind.

So lassen sich folgende Getreidesorten easy und optimal zubereiten:

- Amarant
- Buchweizen
- Couscous
- Dinkel
- Gerste
- Hafer und Haferflocken
- Hirse
- Polenta und Maisgrieß
- Quinoa
- Reis

## HÜLSENFRÜCHTE

Hülsenfrüchte sind reich an hochwertigen Proteinen, sättigenden Ballaststoffen, Mineralien und komplexen Kohlenhydraten. Sie sind gut für unsere Darmgesundheit, senken auch den Cholesterinspiegel und beugen Herz-Kreislauf-Beschwerden vor. Besonders Vitamin C, $B_1$ und $B_6$, Eisen, Kupfer, Magnesium, Mangan, Zink und Phosphor sind in Hülsenfrüchten reichlich vorhanden. Durch die Einbindung von ausreichend Hülsenfrüchten in die tägliche Ernährung kann zudem der tägliche Proteinbedarf gedeckt werden, was sie gerade in der pflanzlichen Ernährung besonders interessant macht. Bei der Verwendung von getrockneten Bohnen, Kichererbsen oder Linsen sollte aber einiges beachtet werden.

## GRUNDTECHNIK: HÜLSENFRÜCHTE RICHTIG ZUBEREITEN

### Der Einkauf

Bevorzugt werden Bio-zertifizierte Produkte, denn ein Qualitätsindikator für die Hülsenfrüchte sind ihre Form und Farbe. Daher sollten sie stets gleich, sauber und unbeschädigt sein. Auch kleine Steinchen in der Packung können ein Zeichen von mangelhafter Qualität sein.

### Die Zubereitung

1. Die gewünschte Menge der Hülsenfrüchte in ein Sieb geben und unter fließendem Wasser abspülen, bis es klar ist.
2. Anschließend die Hülsenfrüchte gemeinsam mit reichlich warmem Wasser in einen Topf geben. Durch die Wärme löst sich die schwer verdauliche Stärke. Kleine Faustregel: Pro 100 g Hülsenfrüchte 1 EL Apfelessig hinzufügen und für 8–12 Stunden – idealerweise über Nacht – einweichen.
3. Danach das Wasser abgießen. Die Kichererbsen gemeinsam mit ausreichend kaltem Wasser in einen Topf geben, aufkochen lassen und den Schaum abschöpfen. Anschließend die Hitze reduzieren und so lange weiterköcheln lassen, bis die Hülsenfrüchte weich sind. Damit der Garprozess nicht behindert wird, erst ca. 10 Minuten vor Ende der Kochzeit 1 EL Salz pro 100 g Hülsenfrüchte einrühren.
4. Anschließend das Wasser abgießen, die Hülsenfrüchte mit klarem Wasser abspülen und den Rezeptschritten entsprechend weiterverarbeiten.

### Die Einweichzeit

| | |
|---|---|
| Ackerbohne | über Nacht (8–12 Stunden) |
| Braune Beluga-Linsen | 1 Stunde (nicht unbedingt notwendig) |
| Erbsen | über Nacht (8–12 Stunden) |
| Gartenbohnen | über Nacht (8–12 Stunden) |
| Gelbe Linsen | keine Einweichzeit |
| Grüne Linsen | 1 Stunde (nicht unbedingt notwendig) |
| Kichererbsen | über Nacht (8–12 Stunden) |
| Kidneybohnen | über Nacht (8–12 Stunden) |
| Mungbohnen | über Nacht (8–12 Stunden) |
| Rote Linsen | keine Einweichzeit |
| Schwarze Linsen | keine Einweichzeit |
| Sojabohnen | über Nacht (8–12 Stunden) |
| Weiße Bohnen | über Nacht (8–12 Stunden) |

## NÜSSE, SAMEN UND KERNE

Nüsse, Samen und Kerne sind kleine Nährstoffbomben und stecken voller gesunder, ungesättigter Fettsäuren, die vor Herz-Kreislauf-Erkrankungen schützen. Zudem enthalten sie viel Zink, Selen und andere wichtige Spurenelemente, die unser Immunsystem stärken. On top liefern sie noch reichlich Proteine, Mineralien und Ballaststoffe, die für Muskelaufbau, starke Knochen und eine gute Verdauung sorgen. Diese kleinen Kraftpakete machen simple Gerichte nicht nur reichhaltiger, sondern sorgen auch für ein himmlisches Aroma. Zudem lassen sich aus Nüssen, Samen und Kernen wunderbare Milch-Alternativen und Aufstriche zubereiten.

- Cashewkerne
- Chia-Samen
- geschälte Hanfsamen
- Haselnusskerne
- Kürbiskerne
- Leinsamen
- Mandelkerne
- Mohn
- Paranusskerne
- Sesam
- Sonnenblumenkerne
- Walnusskerne

## ZUM FRÜHSTÜCK:
### Milch aus Nüssen, Samen und Getreide

Eine vegane Ernährung bedeutet keineswegs Verzicht, sondern vielmehr eine gesunde Vielfalt. Gerade wenn wir einen Blick in das Regal für Milchalternativen werfen, sehen wir dort zahlreiche Sorten – Drinks aus Soja, Mandeln und sogar Buchweizen. Die Möglichkeiten scheinen grenzenlos, und der Prozess zur Zubereitung von Milchalternativen in der eigenen Küche ist ein Kinderspiel.

Wichtig: Bei der Verwendung von Nusskernen (z. B. Mandel- oder Haselnusskerne) sollte stets auf die geschälte Variante zurückgegriffen werden.

### Die Zubereitung

- Auf 1 Liter Wasser werden 100 g Nusskerne, Samen oder Getreidekörner (z. B. Buchweizen) empfohlen.
- Die gewünschte Menge an Nusskernen, Samen oder Getreide mit 1 Prise Salz in ein verschließbares Glas geben und über Nacht einweichen (für Hafermilch werden die Flocken lediglich für 20–30 Minuten eingeweicht). Durch das Einweichen wird Phytinsäure abgebaut, und Enzymhemmer werden neutralisiert, wodurch Vitamine, Mineralstoffe und Proteine besser aufgenommen werden können.
- Anschließend das Einweichwasser abgießen, die Nusskerne, Samen oder das Getreide gut abwaschen und gemeinsam mit ¼ TL Salz in einen leistungsstarken Standmixer geben. Nach Belieben Zimt, Datteln oder Honig hinzufügen und mit ca. 1 Liter Wasser aufgießen. Auf höchster Stufe 1–2 Minuten mixen.
- Die Pflanzenmilch in einen Milchbeutel oder ein Mulltuch geben und auspressen. Wenn der Mixer leistungsstark genug ist, kann dieser Schritt übersprungen werden und die Milch direkt mit Hilfe eines Trichters in eine Glasflasche gefüllt werden. Im Kühlschrank ist die Pflanzenmilch 2–3 Tage haltbar.

**FRÜHSTÜCK, LUNCH & DINNER:**
**Nuss- oder Samenmus passt immer**

Selbstgemachtes Nuss- und Samenmus schmeckt einfach fabelhaft! Sowohl Suppen als auch Salate, Eintöpfe oder Frühstücks-Bowls können mit Hilfe von Mandel- oder Sesammus in ihrem Geschmackserlebniss noch verfeinert werden. Für die Zubereitung wird lediglich eine gute Küchenmaschine oder ein leistungsstarker Standmixer benötigt (ein Stabmixer eignet sich nicht dazu, da er nicht die nötig Power mitbringt).

# BASIC-REZEPT: NUSS- ODER SAMENMUS

## ZUTATEN

200 g Nusskerne nach Wahl (z. B. Mandel-, Cashew- oder Haselnusskerne) oder Samen (z. B. Sesam)

## SO GEHT'S

1 Die Nusskerne oder Samen im Backofen bei 160 °C (Ober-/Unterhitze) oder in einer Pfanne ohne Fett bei mittlerer Hitze 10–12 Minuten rösten. Anschließen gut abkühlen lassen.

2 Die Nusskerne oder Samen in den Behälter einer Küchenmaschine oder in einen Hochleistungsmixer geben und für mehrere Minuten zerkleinern. Zwischendurch dem Mixer immer eine kleine Pause gönnen, etwas auskühlen lassen und die Masse mit einem Löffel von den Seiten nach unten schieben. Den Vorgang so lange wiederholen, bis ein cremiges und flüssiges Mus entsteht.

**! TIPP**

Für ein besonderes Muserlebnis unterschiedliche Nüsse und Samen miteinander kombinieren. Außerdem kann das Mus auch mit Gewürzen (z. B. 1 Prise Meersalz, 1–2 TL gemahlener Zimt, etwas Bourbon-Vanille oder 2 EL Ahornsirup) verfeinert werden. Diese aber erst zum Schluss hinzufügen und gut untermischen.

# AUFSTRICHE & DIPS

## GUACAMOLE

### ZUTATEN

1 Avocado

Saft von 1 Zitrone

1 TL Ahornsirup

Salz

1 Msp. Knoblauchpulver (nach Belieben)

1 Msp. Chiliflocken (nach Belieben)

### SO GEHT'S

1 Die Avocado halbieren, den Kern entfernen, das Fruchtfleisch mit einem Löffel aus der Schale lösen und in eine kleine Schüssel geben. Mit einer Gabel das Avocadofruchtfleisch zermusen. Die Zitrone auspressen. Zitronensaft und Ahornsirup zur Avocado geben und alles zu einer cremigen Masse verrühren. Mit etwas Salz abschmecken. Nach Belieben noch mit Knoblauchpulver und/oder ein paar Chiliflocken verfeinern.

## NATUR-HUMMUS

### ZUTATEN

1 Dose Kichererbsen (ca. 240 g Abtropfgewicht)

1 Zitrone

2 EL Olivenöl

1 TL Ahornsirup

1 EL Tahin (Sesammus)

¼ TL gemahlener Koriander

¼ TL Knoblauchpulver

1 Msp. Chiliflocken

Salz

### SO GEHT'S

1 Für den Hummus die Kichererbsen abgießen, abspülen, abtropfen lassen und in eine Schüssel geben. Zitrone auspressen und den Saft mit den restlichen Zutaten und 2 EL Wasser zu den Kichererbsen geben und mit Hilfe eines Stabmixers oder in einem Standmixer cremig pürieren. Ggf. mit Salz abschmecken.

2 Den Hummus in ein Einmachglas geben und luftdicht verschließen. So ist der Aufstrich im Kühlschrank 1 Woche haltbar.

## ROTE-BETE-HUMMUS

### ZUTATEN

150 g Rote Bete

1 Portion Natur-Hummus (siehe S. 20)

### SO GEHT'S

1 Die Rote Bete schälen und gemeinsam mit dem Natur-Hummus in eine Schüssel geben und entweder mit einem Stabmixer oder in einem Standmixer cremig pürieren.

## SÜSSKARTOFFEL-CURRY-HUMMUS

### ZUTATEN

150 g Süßkartoffel

1 EL Olivenöl

½ TL Currypulver

1 Portion Natur-Hummus (siehe S. 20)

### SO GEHT'S

1 Den Backofen auf 180 °C (Ober-/Unterhitze) vorheizen und eine Auflaufform mit Backpapier auslegen. Die Süßkartoffel schälen, in kleine Würfel schneiden, in die Auflaufform geben und mit dem Olivenöl beträufeln. Anschließend 20–25 Minuten backen, herausnehmen und kurz auskühlen lassen.

2 Die gebackenen Süßkartoffel-Würfel und das Currypulver gemeinsam mit dem Natur-Hummus in eine Schüssel geben und entweder mit einem Stabmixer oder in einem Standmixer cremig pürieren.

# WEITERE DIP-IDEEN

## JOGHURT-DIP

### ZUTATEN

Saft von ½ Zitrone

150 g vegane Joghurtalternative (z. B. Kokos-. Mandel-, Soja-)

1 TL Ahornsirup

Salz – Pfeffer

1 Msp. Chiliflocken (nach Belieben)

### SO GEHT'S

1 Die Zitrone auspressen. Die Hälfte des Safts zusammen mit den restlichen Zutaten sowie je 1 Prise Salz und Pfeffer und nach Wunsch mit ein paar Chiliflocken in einer Schüssel gründlich verrühren.

**! TIPP**

Rührt man 1 EL mittelscharfen Senf in den Dip, so hat man fix und easy einen herzhaften und pikanten Twist.

## ORIENTALISCHER DIP

### ZUTATEN

¼ reife Banane

1 EL Tahin (Sesammus)

½ TL Currypulver

1 Portion Joghurt-Dip (siehe oben)

### SO GEHT'S

1 Die Banane schälen und mit einer Gabel zermusen. Dann mit Tahin und Currypulver in den Joghurt-Dip einrühren.

# CASHEW-SCHOKOLADEN-AUFSTRICH

## ZUTATEN

500 g Cashewkerne

35 g getrocknete (Medjool-) Datteln (ohne Stein)

2 EL Backkakao

2 EL Kokosöl

Salz

## SO GEHT'S

1 Die Cashewkerne in eine Pfanne ohne Fett geben und bei mittlerer Hitze ca. 7 Minuten unter ständigem Rühren rösten. Nach etwa 5 Minuten die Hitze reduzieren und noch 2 Minuten weiterrösten. Vom Herd ziehen und kurz auskühlen lassen.

2 Die Cashewkerne mit Datteln, Kakao, Kokosöl und 1 Prise Salz in einen leistungsstarken Standmixer geben und in kurzen Intervallen zu einer zähflüssigen Masse mixen. Zwischendurch den Mixer etwas auskühlen lassen und die Masse mit einem Löffel von den Seiten nach unten schieben. Es bedarf etwas Geduld, bis eine schöne Creme entsteht, das Ergebnis lässt sich aber auf jeden Fall sehen.

### TIPP

Anstelle der Cashewkerne können natürlich auch andere Nüsse, wie Mandel-, Haselnuss- oder Macadamiakerne verwendet werden.

# VEGANE DRESSINGS

## ASIA-DRESSING

### ZUTATEN

1 Knoblauchzehe

1 kleines Stück Ingwer (ca. 1 cm)

3 TL Sesamöl

4 EL Reisessig

1 TL Reissirup

Salz – Pfeffer

### SO GEHT'S

1 Den Knoblauch und den Ingwer schälen, fein hacken. In einer Pfanne 1 EL Öl erhitzen und Knoblauch und Ingwer darin goldbraun braten. Anschließend gemeinsam mit den restlichen Zutaten in einer Schüssel gründlich verquirlen.

## ACETO-BALSAMICO-DRESSING

### ZUTATEN

3 EL Aceto balsamico

2 EL Olivenöl

½ TL Salz

Pfeffer

### SO GEHT'S

1 Balsamico, Olivenöl, Salz und 1 Prise Pfeffer sowie 2 EL Wasser in einer Schüssel gründlich miteinander verquirlen.

# APFEL-SENF-DRESSING

## ZUTATEN

2 EL Apfelessig

2 EL Olivenöl

1 TL mittelscharfer Senf

1 TL Ahornsirup

1 Msp. Knoblauchpulver
(nach Belieben)

Salz – Pfeffer

## SO GEHT'S

1 In einer Schüssel Essig, Olivenöl, Senf, Ahornsirup, je 1 Prise Salz und Pfeffer, nach Wunsch noch etwas Knoblauchpulver, sowie 2 EL Wasser gründlich miteinander verquirlen.

# ZITRONEN-MINZ-DRESSING

## ZUTATEN

¼ Bund frische Minze

1 Zitrone

4 EL Olivenöl

1 TL Ahornsirup

Salz – Pfeffer

## SO GEHT'S

1 Die Minze waschen, trocken schütteln, die Blättchen abzupfen und fein hacken. Den Saft aus der Zitrone auspressen. Minze, Zitronensaft, Olivenöl, Ahornsirup und je 1 Prise Salz und Pfeffer sowie 2 EL Wasser in einer Schüssel gründlich miteinander verquirlen.

# CREMIGES NUSS-DRESSING

## ZUTATEN

2 Limetten
(alternativ 2 EL Apfelessig)

1 EL Olivenöl

1 TL Cashewmus

1 TL Ahornsirup

Salz – Pfeffer

## SO GEHT'S

1 Limetten auspressen und mit Olivenöl, Cashewmus, Ahornsirup und je 1 Prise Salz und Pfeffer sowie 2 EL Wasser gründlich verquirlen.

# FRÜHSTÜCKS-BOWLS

# CREAMY-BANANA-BOWL

## MIT KARAMELLISIERTEN BIRNENSPALTEN

### ZUTATEN

FÜR DIE SMOOTHIE-BOWL

2 Bananen

90 g Hirseflocken

4 EL Mandeln (alternativ 2 EL Mandelmus)

8 getrocknete (Medjool-)Datteln (ohne Stein)

150 g Mandeldrink

FÜR DIE KARAMELLISIERTE BIRNE

2 EL Mandeln

1 Birne

3 EL Ahornsirup

2 EL Buchweizen

½ TL gemahlener Zimt

2 EL Sesam

AUSSERDEM

2 TL Ahornsirup

### SO GEHT'S

1 Die Bananen schälen, in grobe Stücke schneiden und für mindestens 2 Stunden ins Gefrierfach legen.

2 Die Mandeln mit Hilfe eines scharfen Messers grob hacken. Die Birne waschen, halbieren, vom Kerngehäuse befreien und in dünne Spalten schneiden. Die gehackten Mandeln mit Ahornsirup, Buchweizen, Zimt, Sesam und 2 EL Wasser in eine Pfanne geben und aufkochen lassen. Anschließend die Hitze reduzieren und für weitere 10 Minuten köcheln lassen. Dabei gelegentlich umrühren. Vom Herd ziehen und beiseitestellen.

3 Für die Smoothie-Bowl Hirseflocken, gefrorene Banane, Mandeln, Datteln und den Mandeldrink in einen leistungsstarken Standmixer geben und zu einer cremigen Masse pürieren. Diese auf zwei Schüsseln verteilen und mit der karamellisierten Birnen-Masse toppen. Zum Schluss mit etwas Ahornsirup beträufeln.

### TIPP

Mit 1 EL Nussmus (siehe S. 19) wird die Creamy-Banana-Bowl noch etwas reichhaltiger.

15 MINUTEN + 2 STUNDEN EINFRIEREN

# OVERNIGHT-OATS-BOWL

## MIT ORANGEN UND BROMBEEREN

### ZUTATEN

FÜR DIE OVERNIGHT OATS

100 g Großblatt-Haferflocken

2 EL gemahlene Mandeln

1 EL geschroteter Leinsamen

1 EL Ahornsirup

1 Msp. gemahlene Bourbon-Vanille

300 ml Mandeldrink

3 EL vegane Joghurtalternative (z. B. Kokos-, Mandel-, Soja-)

AUSSERDEM

2 kleine Orangen

100 g Brombeeren

2 EL Kürbiskerne

2 EL Ahornsirup

### SO GEHT'S

1 Am Vorabend Haferflocken, gemahlene Mandeln, Leinsamen, Ahornsirup, Vanille und den Mandeldrink gemeinsam in einer Schüssel verrühren.

2 Am nächsten Tag die Orangen schälen, die weiße Haut entfernen und das Fruchtfleisch in feine Spalten schneiden. Die Brombeeren verlesen, waschen und vorsichtig trocken tupfen. Die Overnight Oats auf zwei Schüsseln aufteilen und mit je 1½ EL Joghurtalternative, Orangenspalten, Brombeeren, Kürbiskernen und Ahornsirup toppen.

### TIPP

Die frischen Früchte können auch gerne durch saisonales Obst ersetzt werden. Sonnenblumenkerne statt Kürbiskerne sorgen ebenso für eine tolle Abwechslung!

15 MINUTEN + 12 STUNDEN EINWEICHEN

# PEANUTBUTTER-BOWL

## MIT SALTED-CARAMEL-TOPPING

### ZUTATEN

**FÜR DEN SMOOTHIE**

2 reife Bananen

7 getrocknete (Medjool-)Datteln

2 EL Kokosmehl
(alternativ Kokosflocken)

200 ml Kokosdrink

1 EL Erdnussmus

Meersalz

**FÜR DAS TOPPING**

2 getrocknete (Medjool-)Datteln

2 EL Mandeln

½ Banane

**AUSSERDEM**

1 EL Sesam

2 TL Erdnussmus

Meersalz

gemahlener Zimt

### SO GEHT'S

1 Die Bananen schälen, in grobe Stücke schneiden und für mindestens 4 Stunden ins Gefrierfach legen.

2 Gefrorene Bananen, Datteln, Kokosmehl, Kokosdrink, Erdnussmus und 1 Prise Meersalz in einen leistungsstarken Standmixer geben und zu einer cremigen Masse pürieren. Diese anschließend auf zwei Schüsseln verteilen.

3 Für das Topping die Datteln in Scheiben schneiden, die Mandeln grob hacken, die Banane schälen und der Länge nach in Scheiben schneiden. Anschließend Datteln, Mandeln und Bananenscheiben gleichmäßig auf die Schüsseln verteilen und mit Sesam, je 1 TL Erdnussmus, 1 Prise Meersalz und 1 Prise Zimt toppen, dann servieren.

### TIPP

Anstelle von Erdnussmus kann auch Mandel- oder Cashewmus verwendet werden. Dieses kann man auch einfach selber machen (siehe S. 19).

15 MINUTEN + 4 STUNDEN EINFRIEREN

# MOHN-PANCAKES-BOWL

## ZUTATEN

### FÜR DIE MOHN-PANCAKES

2 Bananen

200 ml Mandeldrink

4 EL Ahornsirup

2 EL Kokosöl, plus 1 TL zum Braten

120 g Dinkelmehl

60 g Mohnsamen

2 TL Backpulver

Salz

### AUSSERDEM

6 Aprikosen

100 g rote Johannisbeeren

10 Erdbeeren

4 EL vegane Joghurtalternative (z. B. Kokos-. Mandel-, Soja-)

2 EL Aprikosenkonfitüre

2 EL Ahornsirup

2 TL Mohnsamen

## SO GEHT'S

1 Die Bananen schälen, in eine Schüssel geben und mit einer Gabel zerdrücken. Dann Mandeldrink, Ahornsirup und 2 EL Kokosöl zugeben und vermischen. Anschließend Mehl, Mohnsamen, Backpulver und 1 Prise Salz hinzufügen und gründlich zu einem glatten Teig verrühren.

2 Das übrige Kokosöl in einer Pfanne erhitzen und jeweils 4 EL Teig pro Pancake in die Pfanne geben und von beiden Seiten 2–3 Minuten bei mittlerer Hitze goldbraun backen. Mit dem restlichen Teig genauso verfahren.

3 In der Zwischenzeit die Aprikosen waschen, halbieren, den Stein entfernen und das Fruchtfleisch vierteln oder in Spalten schneiden. Die Johannisbeeren verlesen, waschen, vorsichtig trocken tupfen und von den Rispen abstreifen. Die Erdbeeren putzen, waschen und der Länge nach in Scheiben schneiden.

4 Jeweils 4 Pancakes mit dem frischem Obst auf zwei Schüsseln verteilen und jeweils mit 2 EL Joghurtalternative und 1 EL Konfitüre, Ahornsirup und Mohnsamen garnieren.

## TIPP

Für eine geschmackliche Abwechslung können die Mohnsamen auch durch gemahlene Haselnusskerne ersetzt werden, so wird das ganze etwas nussiger! Auch bei den Früchten kann je nach Saison variiert werden.

30 MINUTEN

# BALANCED-MORNING-BOWL

## MIT HANFSAMEN UND KOKOS-JOGHURT

### ZUTATEN

FÜR DAS MÜSLI

3 EL gehackte Mandeln

2 EL Hanfsamen

2 EL Chia-Samen

3 EL Kokoschips

250 ml Mandeldrink

1 EL Ahornsirup

AUSSERDEM

200 g Kokos-Joghurtalternative

2 EL Mandeln

50 g Heidelbeeren

50 g Himbeeren

2 TL Erdbeerkonfitüre

2 EL Kokoschips

4 Minzblättchen

2 essbare Blüten

1 EL Ahornsirup

### SO GEHT'S

1 Für das Müsli die trockenen Zutaten in eine Schüssel geben. Den Mandeldrink und den Ahornsirup zugießen, alles verrühren und für mindestens 15 Minuten oder am besten abgedeckt über Nacht einweichen.

2 Die Joghurtalternative und das Müsli auf zwei Schüsseln verteilen. Die Mandeln grob hacken, die Beeren verlesen, waschen, vorsichtig trocken tupfen und beides mit Konfitüre, Kokoschips, gewaschenen Minzblättchen und den Blüten auf das Müsli geben. Zum Schluss noch mit etwas Ahornsirup beträufeln und servieren.

### TIPP

Anstelle von frischen Beeren können auch andere Früchte der Saison, z. B. frische Pfirsichem, verwendet werden und die Erdbeerekonfitüre kann auch durch eine Marillenmarmelade ersetzt werden.

20 MINUTEN + 15 MINUTEN QUELLEN

# EASY-BREAKFAST-BOWL

## MIT AVOCADO-HUMMUS-BROT

### ZUTATEN

FÜR DAS BROT

1 Avocado

½ Salatgurke

2 Radieschen

2 Frühlingszwiebeln

2 TL Avocadoöl

2 Brötchen (z. B. Vollkorn- oder Laugen-)

AUSSERDEM

1 Portion Hummus (siehe S. 20)

1 TL Sesam

frische Kräuter

### SO GEHT'S

1. Den Hummus, wie auf S. 20 beschrieben, zubereiten. Für das Brot die Avocado halbieren, den Kern entfernen und das Fruchtfleisch aus der Schale lösen. Gurke, Radieschen und Frühlingszwiebeln putzen, waschen und in feine Scheiben schneiden. Je 1 Gurkenscheibe für das Topping in feine Streifen schneiden. Dann die Gurkenscheiben mit zwei Drittel Frühlingszwiebeln und je einer Avocado-Hälfte auf zwei Bowls verteilen. Etwas Avocadoöl in die Mitte der Avocado träufeln.

2. Die Brötchen halbieren, jeweils beide Hälften mit dem Hummus bestreichen und mit Radieschenscheiben, Gurkenstreifen und den restlichen Frühlingszwiebeln belegen. Zum Schluss noch mit etwas Sesam und frischen Kräutern bestreuen.

### TIPP

Anstelle des Hummus kann auch eine 1 Portion von dem orientalischen Dip (siehe S. 22) verwendet werden.

10 MINUTEN

# GRIESSBREI-BOWL
## MIT ZWETSCHGEN-KOMPOTT

### ZUTATEN

FÜR DEN GRIESSBREI

400 ml Mandeldrink

1 EL Ahornsirup

100 g weiße Polenta oder Dinkelgrieß

250 g vegane Joghurtalternative (z. B. Kokos-, Mandel-, Soja-)

FÜR DAS KOMPOTT

10 Zwetschgen

1 Zitrone

¼ TL gemahlener Zimt

1–2 EL Ahornsirup

AUSSERDEM

2 kleine Zweige Thymian

1 Handvoll Brombeeren

Ahornsirup

### SO GEHT'S

1 Den Mandeldrink und den Ahornsirup in einen kleinen Topf geben. Die weiße Polenta oder Dinkelgrieß einrühren und alles einmal aufkochen lassen. Anschließend die Hitze reduzieren und die Masse unter ständigem Rühren weitere 15 Minuten köcheln lassen. Bei Bedarf noch etwas Mandeldrink einrühren. Zum Schluss die Joghurtalternative hinzugeben und unterrühren.

2 Die Zwetschgen waschen, halbieren und die Steine entfernen. Die Zitrone auspressen. Anschließend Zwetschgen, Zitronensaft, Zimt und Ahornsirup mit 50 ml Wasser in einen weiteren Topf geben und aufkochen. Die Hitze reduzieren und bei geringer Hitze für 10 Minuten köcheln lassen. Bei Bedarf noch etwas Wasser nachgießen.

3 Den Thymian waschen und trocken schütteln. Die Brombeeren verlesen, waschen und vorsichtig trocken tupfen. Dann den Grießbrei auf zwei Schüsseln verteilen und mit dem Zwetschgenkompott, den Brombeeren und etwas Thymian garnieren. Zum Schluss noch mit etwas Ahornsirup beträufeln und servieren.

### TIPP

Wenn man keine Zwetschgen bekommt, kann man stattdessen auch 3 Äpfel für das Kompott verwenden. Für ein besonderes Finish empfiehlen sich auch geröstete Nüsse und Samen, verfeinert mit 1 Prise gemahlenem Zimt.

25 MINUTEN

# MATCHA-PUDDING-BOWL

## ZUTATEN

### FÜR DEN PUDDING

350 ml Mandeldrink

½ TL Matcha-Pulver

2 EL Ahornsirup

4 EL Chia-Samen

### AUSSERDEM

1 Kiwi

4 EL Kokos-Joghurtalternative

2 TL Ahornsirup

2 TL gemahlene Mandeln

2 TL Hanfsamen

4 kleine Minzblättchen

## SO GEHT'S

1 Den Mandeldrink in einem kleinen Topf bei mittlerer Hitze erwärmen. Anschließend den warmen Mandeldrink in eine Schüssel geben, das Matcha-Pulver durch ein Handsieb hinzugeben und unterrühren. Dann den Ahornsirup und die Chia-Samen hinzufügen, alles verrühren und 10–15 Minuten quellen lassen.

2 In der Zwischenzeit für das Topping die Kiwi schälen und in Scheiben schneiden. Den Chia-Pudding auf zwei Schüsseln verteilen und mit Kokos-Joghurtalternative, Kiwischeiben, Ahornsirup, Mandeln, Hanfsamen und gewaschenen Minzblättchen garnieren.

## TIPP

Das Matcha-Pulver durch die doppelte Menge Backkako und die Kiwi durch 1 Banane ersetzen – schmeckt auch toll!

20 MINUTEN + 15 MINUTEN QUELLEN

# FANCY-FRITTATA-BOWL

## ZUTATEN

190 g Kichererbsenmehl

3 TL Chia-Samen

½ TL Backpulver

1 TL Ahornsirup

1 EL Olivenöl

½ TL Currypulver

½ TL edelsüßes Paprikapulver

¼ TL Knoblauchpulver

Salz – Pfeffer

4 Frühlingszwiebeln

18 Kirschtomaten

2 Handvoll Basilikumblättchen

### AUSSERDEM

1 ofenfeste Auflaufform (23 x 15 cm)

1 Handvoll Baby-Spinat

2 TL Olivenöl

Salz

## SO GEHT'S

1 Den Backofen auf 180°C (Ober-/Unterhitze) vorheizen und eine Auflaufform mit Backpapier auslegen.

2 Kichererbsenmehl, Chia-Samen, Backpulver, Ahornsirup, Olivenöl, Gewürze und je 1 Prise Salz und Pfeffer mit 400 ml Wasser in einer Schüssel vermengen und 7–10 Minuten quellen lassen.

3 Währenddessen die Frühlingszwiebeln putzen, waschen und in feine Ringe schneiden. Die Kirschtomaten putzen, waschen, 8 Stück beiseitelegen und die übrigen halbieren. Die Basilikumblätter waschen, trocken schütteln, die Hälfte beiseitelegen und den Rest zerzupfen. Anschließend das Gemüse zum Teig geben und unterheben. Den Teig in die Auflaufform gießen, gleichmäßig verteilen und 30–40 Minuten goldbraun backen. Dann herausnehmen und etwas abkühlen lassen.

4 Den Baby-Spinat verlesen, waschen und trocken schütteln. Dann Spinat, Tomaten und Basilikumblättchen auf zwei tiefe Teller verteilen. Die Frittata in gleich große Rechtecke schneiden und jeweils auf dem Gemüsebett platzieren. Zum Schluss noch mit etwas Olivenöl beträufeln und mit Salz bestreuen.

## TIPP

Hier darf gerne nach Lust und Laune variiert werden: So kann man anstatt von Tomaten und Basilikum auch Champignons, Oliven, Zwiebel, Spinat oder Lauchringe für die Frittata verwenden. Als Beilage dazu den Baby-Spinat- oder Rucola-Salat mit dem Apfel-Senf-Dressing (siehe S. 25) servieren.

50 MINUTEN

# SCRAMBLED-EGGS-BOWL

## MIT RÖSTBROT UND GUACAMOLE

### ZUTATEN

FÜR DIE SCRAMBLED EGGS

200 g Tofu

2 Frühlingszwiebeln

¼ Bund Schnittlauch

½ TL Currypulver

½ TL Paprikapulver

Salz

3 EL vegane Joghurtalternative (z. B. Kokos-, Mandel-, Soja-)

1 TL Ahornsirup

2 EL Olivenöl

2 Tomaten

2 Scheiben Brot

AUSSERDEM

3 EL Guacamole (siehe S. 20)

2 EL Hummus (siehe S. 20)

2 TL schwarzer Sesam

### SO GEHT'S

1 Für die Scrambled Eggs den Tofu abtropfen lassen, in Stücke scheiden und mit den Händen zerbröseln. Die Frühlingszwiebeln putzen, waschen und in feine Ringe schneiden. Den Schnittlauch waschen und hacken.

2 In einer Schüssel Currypulver, Paprikapulver, 1 Prise Salz, Joghurtalternative, Ahornsirup und 3 EL Wasser verrühren. Anschließend 1 EL Olivenöl in einer Pfanne erhitzen und Tofu, Frühlingszwiebeln und die Marinade hineingeben (den Tofu gut darin wälzen) und bei mittlerer Hitze 6–7 Minuten braten, dabei gelegentlich umrühren. Zum Schluss noch etwa zwei Drittel des Schnittlauchs unterheben und kurz mitbraten.

3 Die Tomaten waschen und halbieren. Das übrige Olivenöl in einer anderen Pfanne erhitzen und die Tomaten von beiden Seiten bei mittler Hitze 3–4 Minuten andünsten. Die Brotscheiben halbieren und im Toaster rösten.

4 Die Guacamole und den Hummus, wie auf S. 20 beschrieben, zubereiten. Rührei, Guacamole und die Brotscheiben auf zwei Schüsseln verteilen, die Tomaten jeweils in der Mitte platzieren und alles mit etwas Hummus, schwarzem Sesam und dem restlichen Schnittlauch toppen.

### TIPP

Hier passt auch wunderbar der orientlische Dip (siehe S. 22) anstatt dem Hummus. Dieser verleiht dem ganzen Gericht eine herrlich exotische Note.

20 MINUTEN

# SALAT-BOWLS

# SUPER-SOMMER-BOWL

## ZUTATEN

### FÜR DEN SALAT

200 g Rucola

½ Salatgurke

1 Pfirsich

50 g Heidelbeeren

50 g Stachelbeeren

25 g Mandeln

2 EL Aceto balsamico bianco

2 EL Olivenöl

1 TL Ahornsirup

Salz

### AUSSERDEM

frische Gartenkräuter (z. B. Gartenkresse, Petersilie, Basilikum)

## SO GEHT'S

1 Den Rucola waschen, trocken schleudern und zerzupfen. Die Gurke putzen, waschen und auf einer Gemüsereibe in feine Scheiben hobeln. Den Pfirsich waschen, halbieren, den Stein entfernen und in dünne Spalten schneiden. Die Beeren verlesen, waschen, vorsichtig trocken tupfen und halbieren. Die Mandeln grob hacken.

2 Für das Dressing den Balsamico mit Olivenöl, Ahornsirup, 1 Prise Salz und 3 EL Wasser verrühren.

3 Die Kräuter waschen, trocken schütteln und ggf. die Blättchen abzupfen. Rucola, Gurkenscheiben, Pfirsichspalten und Beeren auf zwei Schüsseln verteilen. Die gehackten Mandeln darüberstreuen, alles mit dem Dressing beträufeln und mit den Kräutern bestreuen.

## TIPP

In dieser bunten Kreation macht sich auch das Zitronen-Minz-Dressing (siehe S. 25) hervorragend. Im Herbst runden Walnüsse anstelle der Mandeln den Geschmack ab, aber auch andere saisonelle Früchte wie Erdbeeren im Frühling oder Birnenspalten im Herbst bieten eine abwechslungsreiche Alternative zu dem verwendeten Obst.

15 MINUTEN

# FRUITY-QUINOA-BOWL

## MIT FRISCHEN PFIRSICHEN UND MÖHREN

### ZUTATEN

FÜR DAS QUINOA-GEMÜSE

100 g bunte Quinoa

Salz

2 Frühlingszwiebeln

2 Möhren

1 Pfirsich

40 g Mandeln

¼ Bund Petersilie

20 g Kürbiskerne

AUSSERDEM

2 EL Apfelessig

2 EL Olivenöl

1 TL Ahornsirup

1 TL mittelscharfer Senf

Salz

### SO GEHT'S

1 Die Quinoa in ein feinmaschiges Sieb geben und so lange mit Wasser abspülen, bis es klar ist. Anschließend die Quinoa mit 250 ml Salzwasser in einen Topf geben, kurz aufkochen lassen, dann die Hitze reduzieren und noch 20 Minuten weiterköcheln lassen, dabei gelegentlich umrühren. Vom Herd nehmen und warm halten.

2 In der Zwischenzeit die Frühlingszwiebeln putzen, waschen und in feine Ringe schneiden. Die Möhren schälen und klein würfeln. Den Pfirsich waschen, halbieren, den Stein entfernen und in dünne Spalten schneiden. Die Mandeln grob hacken. Die Petersilie waschen, trocken schütteln und die Blättchen abzupfen.

3 Den Apfelessig mit Olivenöl, Ahornsirup, Senf, 1 Prise Salz und 3 EL Wasser zu einem Dressing verquirlen.

4 Gekochte Quinoa, Zwiebelringe, Möhrenwürfel und Pfirsichspalten auf zwei Schüsseln verteilen und mischen. Dann die gehackten Mandeln, die Kürbiskerne darüberstreuen, alles mit dem Dressing beträufeln.

### TIPP

Man kann auch statt dem Quinoa anderes Getreide, wie z. B. Bulgur oder Couscous hernehmen. Die frischen Früchte können nach Belieben und Saison ausgetauscht werden, z. B. im Frühling durch Äpfel und im Herbst durch frische Feigen.

30 MINUTEN

# SPICY-ASIA-BOWL

## MIT KOHLRABISTREIFEN UND MANGO

### ZUTATEN

FÜR DEN KOHLRABI

2 EL Sesam

1 Msp. Chiliflocken

2 Kohlrabi

6 Radieschen

1 Mango

½ Bund Koriandergrün

AUSSERDEM

1 Knoblauchzehe

1 kleines Stück Ingwer (ca. 1 cm)

2 TL Sesamöl, plus 1 TL zum Braten

4 EL Reisessig

1 TL Reissirup

Salz – Pfeffer

### SO GEHT'S

1 Eine Pfanne ohne Fett auf mittlere Hitze erhitzen und Sesam und Chiliflocken ca. 7 Minuten unter ständigem Rühren darin rösten. Dann vom Herd ziehen und etwas abkühlen lassen.

2 Den Kohlrabi putzen, schälen und in 2 mm dünne Streifen schneiden oder hobeln. Die Radieschen putzen, waschen und ebenfalls in dünne Scheiben hobeln. Die Mango schälen und das Fruchtfleich erst schräg vom Stein und dann in etwa 1 cm große Würfel schneiden. Den Koriander waschen, trocken schütteln, die Blättchen abzupfen und mit Kohlrabi, Mango, Radieschen, geröstetem Sesam und Chiliflocken in eine Schüssel geben und vermengen.

3 Für das Dressing den Knoblauch und den Ingwer schälen und fein hacken. In einer Pfanne das Sesamöl erhitzen und Knoblauch und Ingwer darin kurz anrösten. Danach beides aus der Pfanne nehmen und in einer keinen Schüssel mit Essig, Reissirup und etwas Salz und Pfeffer vermengen.

4 Die Asia-Kohlrabi-Mischung auf zwei Schüsseln verteilen, mit dem Dressing beträufeln und servieren.

### TIPP

Wer es gerne noch etwas reichhaltiger haben möchte: 1 Portion Tofu, gebraten in 1 EL Sojasauce, 1 TL Erdnussöl und 1 TL Ahornsirup verwandelt diese Bowl in eine sättigende Hauptmahlzeit.

30 MINUTEN

# PINK-CHICORÉE-BOWL

## MIT FRISCHEN FEIGEN UND ORANGEN AUF HIRSE

### ZUTATEN

FÜR DEN SALAT

80 g Hirse

Salz

3 rote Chicorée

½ Bund frische Minze

2 Orangen

2 frische Feigen

frische Kresse (nach Belieben)

AUSSERDEM

1 Orange

3 EL Apfelessig

2 EL Olivenöl

1 TL mittelscharfer Senf

Salz – Pfeffer

### SO GEHT'S

1 Die Hirse in ein feinmaschiges Sieb geben und solange mit Wasser abspülen, bis es klar ist. Dann mit ca. 350 ml Salzwasser in einen Topf geben und aufkochen. Anschließend die Hitze reduzieren und ca. 20 Minuten weiterköcheln lassen, bis die Flüssigkeit vollständig aufgenommen wurde. Vom Herd nehmen und warm halten.

2 Den Chicorée putzen, waschen und die Blätter trocken schütteln. Die Minze waschen, trocken tupfen und die Blättchen abzupfen. Die Orangen samt weißer Haut schälen und in Stückchen schneiden. Die Feigen waschen und in dünne Scheiben schneiden.

3 Für das Dressing die Orange auspressen. Dann 2 EL Orangensaft mit Essig, Öl, Senf, je 1 Prise Salz und Pfeffer sowie 2 EL Wasser verquirlen.

4 Die Hirse auf zwei Schüsseln aufteilen und erst die Chicoréeblätter, dann Orangenstückchen und Feigen darauf verteilen. Die Minzblättchen und nach Wunsch etwas Kresse darüberstreuen und mit dem Dressing beträufeln.

### TIPP

Anstatt von Orangen können auch frische Ananasscheiben verwendet werden. Dazu passt das Zitronen-Minz Dressing von S. 25 hervorragend.

30 MINUTEN

# OUT-OF-THE-GARDEN-BOWL

## ZUTATEN

### FÜR DEN SALAT

100 g Couscous

Salz

1 Dose Kichererbsen (ca. 240 g Abtropfgewicht)

10 Radieschen

¼ Bund frischer Schnittlauch

3 EL Apfelessig

2 EL Olivenöl

1 TL mittelscharfer Senf

1 TL Ahornsirup

Pfeffer

### AUSSERDEM

2 EL Basilikum-Pesto

2 TL schwarzer Sesam

## SO GEHT'S

1 Für den Couscous 200 ml Salzwasser in einem Topf zum Kochen bringen. Den Couscous in eine hitzebeständige Schüssel geben, mit dem kochenden Wasser übergießen, 5–10 Minuten quellen lassen und warm halten.

2 Die Kichererbsen abgießen, abspülen, abtropfen lassen und in eine Schüssel geben. Die Radieschen putzen, waschen und auf einer Gemüsereibe in feine Scheiben hobeln. Den Schnittlauch waschen, trocken tupfen und mit Hilfe eines scharfen Messers fein hacken. Für das Dressing die übrigen Zutaten mit je 1 Prise Salz und Pfeffer sowie 3 EL Wasser verquirlen.

3 Den Couscous, die Kichererbsen und die Radieschenscheiben in eine große Schüssel geben, gut miteinander vermischen und auf zwei kleine Schüsseln verteilen. Das Pesto in kleinen Klecksen auf dem Salat verteilen. Den Schnittlauch und den schwarzen Sesam darüberstreuen. Vor dem Servieren mit dem Dressing beträufeln.

## TIPP

Die Radieschen können auch durch dünn gehobelte Karotten- oder Gurkenscheiben ersetzt werden und 1 Handvoll in Salz und Pfeffer gerösteter Nüsse sorgen für einen zusätzlichen Biss.

20 MINUTEN

# LINSENSALAT-BOWL

## MIT GELBER BETE

### ZUTATEN

FÜR DEN SALAT

200 g Linsen (Dose)

½ Zucchini

1 TL Olivenöl zum Braten

1 Gelbe Bete

1 gelbe Möhre

6 getrocknete Tomaten (in Öl)

60 g Blattsalat (alternativ z. B. Lollo rosso oder ein Mix)

frische Kräuter (z. B. Gartenkresse)

4 essbare Blüten

2 EL Sonnenblumenkerne

FÜR DAS DRESSING

3 EL Aceto balsamico

2 EL Olivenöl

Salz – Pfeffer

### SO GEHT'S

1 Für den Salat die Linsen abgießen, abspülen, abtropfen lassen und in eine Schüssel geben. Die Zucchini putzen, waschen, halbieren und in feine Scheiben schneiden.

2 In einer Pfanne das Öl erhitzen und die Zucchini bei mittlerer Hitze von beiden Seiten 4–5 Minuten goldbraun braten.

3 Die Gelbe Bete und die Möhre waschen und in feine Streifen hobeln Das Öl der getrockneten Tomaten etwas abtropfen lassen und die Tomaten vierteln. Den Salat verlesen, waschen, trocken schütteln und grob zerzupfen. Die Kräuter waschen, trocken schütteln und die Blättchen abzupfen. Die Blüten waschen, trocken schütteln und zerzupfen. Das Gemüse zu den Linsen geben und alles vermischen.

4 Für das Dressing alle Zutaten mit ½ TL Salz, 1 Prise Pfeffer sowie 2 EL Wasser verquirlen.

5 Den Linsensalat auf zwei Schüsseln verteilen und mit den Sonnenblumenkernen, den Blüten sowie den frischen Kräutern garnieren. Vor dem Servieren mit dem Dressing beträufeln.

### TIPP

1 Portion von dem orientalischen Dip (siehe S. 22) verleiht dem Gericht einen exotischen Dreh.

30 MINUTEN

# WILDREIS-SALAT-BOWL

## MIT BUNTEM OFENGEMÜSE UND PFIFFERLINGEN

### ZUTATEN

FÜR DEN SALAT

1 Rote Bete

1 Gelbe Bete

1 kleine Pastinake

1 Möhre

1 gelbe Möhre

1 rote Zwiebel

2 EL Olivenöl

100 g Wildreis

Salz

50 g Pfifferlinge

50 g rote Weintrauben

20 g Haselnusskerne

¼ Bund Petersilie

FÜR DAS DRESSING

2 EL Apfelessig

2 EL Olivenöl

1 TL mittelscharfer Senf

1 TL Ahornsirup

1 Msp. Knoblauchpulver

Salz – Pfeffer

### SO GEHT'S

1 Den Backofen auf 180 °C (Ober-/Unterhitze) vorheizen und ein Backblech mit Backpapier auslegen.

2 Die Rote und Gelbe Bete putzen, schälen und klein schneiden. Die Pastinake und die Möhren waschen und in feine Scheiben schneiden. Die Zwiebel schälen und achteln. Dann das Gemüse auf das Blech legen, mit 1 EL Olivenöl beträufeln und 20–25 Minuten backen. Anschließend herausnehmen und kurz abkühlen lassen.

3 Den Wildreis in ein feinmaschiges Sieb geben und so lange mit Wasser abspülen, bis es klar ist. Mit ca. 350 ml Salzwasser in einen Topf geben und aufkochen. Dann die Hitze reduzieren und für ca. 20 Minuten köcheln lassen, bis die Flüssigkeit vollständig aufgenommen wurde. Anschließend vom Herd nehmen und warm halten.

4 Die Pfifferlinge putzen und halbieren. In einer Pfanne etwas Öl erhitzen und die Pfifferlinge darin 4–5 Minuten scharf anbraten.

5 Währenddessen die Trauben waschen und halbieren. Die Haselnusskerne grob hacken. Die Petersilie waschen, trocken schütteln und grob zerzupfen.

6 Für das Dressing alle Zutaten mit je 1 Prise Salz und Pfeffer sowie 2 EL Wasser verquirlen.

7 Wildreis, Ofengemüse, Pfifferlinge und Trauben in eine große Schüssel geben und gut vermischen. Anschließend auf zwei kleinere Schüsseln verteilen, mit den gehackten Haselnüssen und der Petersilie bestreuen und mit dem Dressing beträufeln.

30 MINUTEN
20–25 MINUTEN

# GURKENSALAT-BOWL

## MIT ERDNUSS-TOFU-WÜRFEL UND FRITTIERTEM INGWER

### ZUTATEN

FÜR DEN TOFU

100 g Tofu

1 TL getrocknetes Zitronengras

½ TL Knoblauchpulver

1 Msp. Chiliflocken

1 TL Sojasauce

2 TL Erdnussmus

2 TL Sesamöl zum Braten

FÜR DEN SALAT

1 großes Stück frischer Ingwer (ca. 2 cm)

2 EL Olivenöl zum Braten

2 Salatgurken

6 große Salatblätter

FÜR DAS DRESSING

2 EL Reisessig

1 TL Reissirup

1 TL Sesamöl

1 Msp. Knoblauchpulver

Salz

AUSSERDEM

2 TL schwarzer Sesam

### SO GEHT'S

1 Den Tofu abtropfen lassen und in Würfel schneiden. Für die Marinade Zitronengras, Knoblauchpulver, Chili, Sojasauce und Erdbnussmus in einer Schüssel miteinander verrühren und den Tofu damit gut marinieren, sodass er ringsum bedeckt ist. Dann das Öl in einer Pfanne erhitzen und den Tofu bei mittlerer Hitze 2–3 Minuten knusprig braten.

2 Den Ingwer schälen und in dünne Scheiben schneiden oder hobeln. In einer kleinen Pfanne das Olivenöl erhitzen und die Ingwerscheiben darin bei hoher Hitze frittieren.

3 Die Gurken putzen und waschen. Für die Deko etwa ein Drittel einer Gurke auf der Gemüsereibe oder mit einem Spiralschneider (Julienne) in feine Streifen hobeln. Die übrigen Gurken in dünne Scheiben schneiden oder hobeln. Die Salatblätter waschen, trocken schütteln und eventuell grob zerzupfen.

4 Für das Dressing alle Zutaten mit 1 Prise Salz sowie 2 EL Wasser verquirlen.

5 Den Salat auf zwei Teller verteilen, darauf die Gurkenscheiben und den gebratenen Tofu geben. Die Gurken-Zoodles mit einer Gabel eindrehen und gemeinsam mit den frittierten Ingwerscheiben auf dem Salat platzieren. Abschließend mit schwarzem Sesam bestreuen und mit dem Dressing beträufeln.

30 MINUTEN

# GREEK-DOLMADES-BOWL

## ZUTATEN

### FÜR DEN SALAT

50 g grüne Oliven (ohne Stein)

4 Dolmades (Fertigprodukt)

100 g Rucola

4 Mini-Gurken (alternativ ½ Salatgurke)

100 g bunte Kirschtomaten

1 kleine rote Zwiebel

### FÜR DAS DRESSING

1 Zitrone

4 EL Olivenöl

1 TL Ahornsirup

Salz – Pfeffer

### AUSSERDEM

1 TL Sesam

Brunnenkresse

## SO GEHT'S

1. Das Öl der Oliven und der Dolmades abtropfen lassen und die Dolmades halbieren.

2. Den Rucola verlesen, waschen und trocken schütteln. Die Gurken putzen, waschen und in dünne Scheiben hobeln oder schneiden. Die Tomaten waschen und halbieren. Die Zwiebel schälen, halbieren und in Streifen schneiden.

3. Für das Dressing alle Zutaten mit je 1 Prise Salz und Pfeffer sowie 2 EL Wasser verquirlen.

4. Den Rucola auf zwei Schüsseln verteilen und Oliven, Dolmades, Tomaten und Zwiebeln gleichmäßig darauf verteilen. Mit etwas Sesam und Kresse garnieren. Vor dem Servieren mit dem Dressing beträufeln.

## TIPP

Hierzu passt 1 Portion selbstgemachter Hummus (siehe S. 20–21). Wer mag, kann noch etwas frisches, knuspriges Brot dazu reichen.

20 MINUTEN

# RAINBOW-BOWL
## MIT CASHEW-DRESSING

### ZUTATEN

FÜR DEN SALAT

1 kleine Süßkartoffel

½ Limette

2 Salatherzen

1 Dose Kidneybohnen (ca. 240 g Abtropfgewicht)

10 rote und gelbe Kirschtomaten

FÜR DIE LINSEN

50 g rote Linsen

½ Zwiebel – 1 Knoblauchzehe

½ EL Olivenöl

1 EL Aceto balsamico

1 TL Ahornsirup

½ Dose stückige Tomaten (400 g Füllgewicht)

FÜR DAS DRESSING

2 Limetten

1 EL Olivenöl – 1 TL Cashewmus

1 TL Ahornsirup

Salz – Pfeffer

FÜR DAS TOPPING

4 EL Cashewmus

30 g Cashewkerne – 1 EL Sesam

### SO GEHT'S

1 Die Süßkartoffel putzen, schälen und in kleine Würfel schneiden. In einem Topf ausreichend Wasser aufkochen, die Süßkartoffelwürfel hinzufügen und 15–20 Minuten garen. Anschließend abgießen, gut abtropfen und etwas abkühlen lassen.

2 In der Zwischenzeit die Linsen in einem feinmaschigen Sieb so lange mit Wasser abspülen, bis es klar ist. Die Zwiebel und den Knoblauch schälen, fein hacken und mit dem Olivenöl in einem Topf erhitzen. Nach 2 Minuten mit dem Balsamico ablöschen und den Ahornsirup, 300 ml Wasser und die Linsen einrühren und alles aufkochen. Dann die Hitze reduzieren und weitere 12 Minuten köcheln lassen. Nun die stückigen Tomaten einrühren und erneut aufkochen. Die Hitze reduzieren und für weitere 5 Minuten köcheln lassen. Vom Herd ziehen und warm halten.

3 Für das Dressing die Limetten auspressen und mit den restlichen Zutaten, je 1 Prise Salz und Pfeffer sowie 2 EL Wasser vequirlen.

4 Die Limettenhälfte in feine Spalten schneiden. Die Salatherzen putzen, waschen, trocken schütteln, 6 mittelgroße Salatblätter beiseitelegen, die restlichen Blätter in Streifen schneiden. Die Kidneybohnen abgießen, abspülen, abtropfen lassen und in eine Schüssel geben. Die Tomaten waschen und halbieren.

5 Jeweils 3 Salatblätter in eine Bowl legen. Dann restlichen Salat, Kidneybohnen, Linsen, Tomaten und Süßkartoffeln darauf verteilen. Zum Schluss mit Limettenspalten, Cashewmus, Cashewkernen und Sesam garnieren und mit dem Dressing beträufeln.

30 MINUTEN

# BOWLS FÜR UNTER DER WOCHE

# TAGLIATELLE-BOWL

## MIT ZITRONEN-ROSMARIN-KICHERERBSEN

### ZUTATEN

250 g Tagliatelle

Salz

1 Dose Kichererbsen
(ca. 240 g Abtropfgewicht)

100 g Kirschtomaten

2 Knoblauchzehen

1 Zitrone

2 EL Olivenöl zum Braten

1 EL Ahornsirup

Pfeffer

¼ Bund Basilikum

2 TL Sesam

### SO GEHT'S

1 In einem Topf ausreichend Salzwasser aufkochen, die Tagliatelle hineingeben und nach Packungsanleitung garen.

2 Zwischenzeitlich die Kichererbsen abgießen, abspülen und abtropfen lassen. Die Kirschtomaten putzen und waschen. Den Knoblauch schälen und fein hacken. Die Zitrone auspressen.

3 Das Olivenöl in einer Pfanne erhitzen. Ahornsirup, ¼ TL Salz und 1 Prise Pfeffer hinzugeben. Nach etwa einer halben Minute mit dem Zitronensaft ablöschen, dann 25 ml Wasser, Tomaten und Kichererbsen hinzufügen und ca. 10 Minuten darin andünsten.

4 Die Tagliatelle in ein Sieb abgießen und gut abtropfen lassen. Das Basilikum waschen, trocken schütteln und die Blättchen abzupfen. Dann die Nudeln gemeinsam mit den Basilikumblättchen zu den gedünsteten Tomaten hinzufügen und noch 2 Minuten weiterdünsten. Zum Schluss nochmal mit Salz und Pfeffer abschmecken. Die Tomaten-Tagliatelle auf zwei Schüsseln verteilen, etwas Sesam darüberstreuen und servieren.

### TIPP

Für etwas mehr Abwechslung sorgen gegrillte Zucchini und Pilze. Dazu das Gemüse waschen, in feine Scheiben schneiden und mit etwas Öl in der Pfanne dünsten.

30 MINUTEN

# JACKFRUIT-NACHO-BOWL

## ZUTATEN

### FÜR DEN EINTOPF

1 Dose Jackfruit (ca. 240 g Abtropfgewicht)

1 Dose Kidneybohnen (ca. 255 g Abtropfgewicht)

1 Dose Mais (ca. 285 g Abtropfgewicht)

1 Zwiebel – 1 Knoblauchzehe

1 EL Kokosöl

2 TL edelsüßes Paprikapulver

1 Msp. Chilipulver

25 ml Espresso

1 TL Ahornsirup

1 Dose passierte Tomaten (400 g Füllgewicht)

Salz – Pfeffer

### AUSSERDEM

4 EL Guacamole (siehe S. 20)

1 Limette

50 g Blattspinat

½ Bund Koriander

100 g Tortilla-Chips

Sesam

## SO GEHT'S

1 Die Jackfruit, die Kidneybohnen und den Mais abgießen, abspülen und abtropfen lassen. Die Zwiebel und den Knoblauch schälen und fein hacken. Das Kokosöl in einem Topf erhitzen, Paprikapulver und Chili hinzugeben, darin für ca. 2 Minuten rösten und dann mit dem Espresso und 50 ml Wasser ablöschen. Ahornsirup, Zwiebel und Knoblauch hinzufügen und für ca. 3 Minuten unter ständigem Rühren goldgelb andünsten. Anschließend die passierten Tomaten, Jackfruit, Kidneybohnen und Mais hinzugeben, mit je 1 Prise Salz und Pfeffer würzen und aufkochen lassen. Dann die Hitze reduzieren und weitere 10 Minuten köcheln lassen, dabei immer wieder umrühren.

2 In der Zwischenzeit die Guacamole, wie auf S. 20 beschrieben, zubereiten. Die Limette vierteln. Den Spinat waschen und trocken schütteln. Den Koriander waschen, trocken schütteln und die Blättchen abzupfen.

3 Den Eintopf, den Spinat und Tortilla-Chips auf zwei Schüsseln verteilen, mit je 2 EL Guacamole und einer Limettenspalte toppen sowie etwas Koriander und Sesam bestreuen.

30 MINUTEN

# QUINOA-MÖHREN-BOWL

## MIT MANDEL-SESAM-GRANOLA

### ZUTATEN

100 g bunte Quinoa

Salz

2 Orangen

3 Möhren

30 g Mandeln

1 kleine Zwiebel

2 Knoblauchzehen

½ Brokkoli

1 EL Olivenöl zum Braten

1 EL Sesam

1 TL Ahornsirup

2 EL Cranberrys

### SO GEHT'S

1 Die Quinoa in ein feinmaschiges Sieb geben und so lange mit Wasser abspülen, bis es klar ist. Dann die Quinoa mit ca. 400 ml Salzwasser in einen Topf geben und aufkochen. Anschließend die Hitze reduzieren und 20 Minuten weiterköcheln lassen, bis die Flüssigkeit vollständig aufgenommen wurde, dann vom Herd nehmen und warm halten.

2 Eine Orange auspressen und den Saft beiseitestellen. Die andere Orange halbieren und in Scheiben schneiden. Die Möhren putzen, schälen und in dünne Streifen scheiden. Die Mandeln grob hacken. Die Zwiebel und den Knoblauch schälen und fein hacken. Den Brokkoli putzen, waschen, in Röschen teilen und gemeinsam mit den Möhren in einen Topf mit Wasser geben. Das Wasser zum Kochen bringen, die Hitze reduzieren und für 3–4 Minuten weitergaren. Anschließend den Topfinhalt durch ein Sieb abgießen.

3 Das Olivenöl in einer Pfanne erhitzen und Zwiebel, Knoblauch, Sesam, Ahornsirup und ½ TL Salz hinzufügen und bei hoher Temperatur anbraten. Nach etwa einer halben Minute mit dem Orangensaft ablöschen, die Hitze reduzieren und Brokkoli, Möhren und Orangenscheiben hinzufügen und weitere 5–6 Minuten braten. Kurz vor Ende die Cranberrys hinzufügen und mitrösten.

4 Die Quinoa auf zwei Schüsseln verteilen und darauf das Pfannengemüse platzieren.

### ! TIPP

Anstelle von Quinoa kann natürlich auchWildreis verwendet werden. Sein kerniger Geschmack macht sich wunderbar in dieser Bowl. Das cremige Nuss-Dressing von S. 25 rundet perfekt die kernige Note dieser Bowl ab!

30 MINUTEN

# EAT-YOUR-GREENS-BOWL

## ZUTATEN

100 g Hirse
Salz

1 Brokkoli

100 g TK-Erbsen

1 kleine Chilischote

Brunnenkresse

100 g vegane Joghurtalternative (z. B. Kokos-, Mandel-, Soja-)

1 EL Tahin (Sesammus)

1 TL Zitronensaft

Salz – Pfeffer

### AUSSERDEM

1 EL Sesam

## SO GEHT'S

1 Die Hirse in ein feinmaschiges Sieb geben und so lange mit Wasser abspülen, bis es klar ist. Mit ca. 400 ml Salzwasser in einen Topf geben und aufkochen. Die Hitze reduzieren und für ca. 20 Minuten köcheln lassen, bis die Flüssigkeit vollständig aufgenommen wurde, dann vom Herd nehmen und warm halten.

2 In der Zwischenzeit den Brokkoli putzen, waschen, in Röschen teilen und gemeinsam mit den Erbsen in einen Topf mit Wasser geben. Das Wasser zum Kochen bringen, die Hitze reduzieren und das Gemüse darin 5–7 Minuten garen. Anschließend den Topfinhalt abgießen.

3 Die Chilischote waschen und in sehr feine Ringe schneiden. Die Brunnenkresse waschen und trocken schütteln.

4 Für das Dressing alle übrigen Zutaten mit je 1 Prise Salz und Pfeffer verrühren. Hirse, Brokkoli und Erbsen auf zwei tiefe Teller verteilen. Jeweils 1 EL Dressing in die Mitte geben und alles mit Chili, Kresse und etwas Sesam bestreuen.

## TIPP

1 Handvoll frische Sprossen verleihen dieser Bowl nicht nur zusätzliche Nährstoffe, sondern sorgen auch für ein köstliches Finish.

30 MINUTEN

# PFIFFERLING-ZUCCHINI-BOWL

## ZUTATEN

120 g Hirse

½ rote Zwiebel

1 EL Olivenöl zum Braten

1 EL Aceto balsamico bianco

1 TL Ahornsirup

150 ml Gemüsebrühe

½ Zucchini

40 g Pfifferlinge

6 getrocknete Tomaten (in Öl)

Salz – Pfeffer

8 Basilikumblättchen

Gartenkresse

## SO GEHT'S

1 Die Hirse in ein feinmaschigen Sieb geben und so lange mit Wasser abspülen, bis es klar ist.

2 Die Zwiebel schälen und fein hacken. In einem kleinen Topf das Olivenöl erhitzen und die Zwiebeln darin glasig andünsten. Nach etwa 2 Minuten mit dem Balsamico ablöschen und Ahornsirup, Gemüsebrühe, Hirse und 150 ml Wasser einrühren und aufkochen. Anschließend die Hitze reduzieren und noch 10 Minuten weiterköcheln lassen, dabei gelegentlich umrühren.

3 In der Zwischenzeit die Zucchini putzen, waschen, vierteln und in Scheiben schneiden. Die Pfifferlinge putzen. Das Öl der getrockneten Tomaten etwas abtropfen lassen und die Tomaten vierteln.

4 Zucchini, Pfifferlinge und getrocknete Tomaten zur Hirse geben und mit je 1 Prise Salz und Pfeffer abschmecken. Das Basilikum und etwas Gartenkresse waschen und trocken schütteln. Das Hirse-Gemüse auf zwei Schüsseln verteilen und mit den Basilikumblättchen und etwas Gartenkresse garnieren.

## TIPP

Das Getreide kann ganz nach Belieben durch Reis oder Quinoa getauscht werden. Und für einen zusätzlichen Biss sorgt 1 Handvoll gehackter und pikant gerösteter Nüsse.

30 MINUTEN

# MEXICAN-RICE-BOWL

## ZUTATEN

1 kleine Süßkartoffel

100 g TK-Grüne-Bohnen

1 Dose Kidneybohnen
(ca. 240 g Abtropfgewicht)

100 g Reis

1 Limette

1 kleine Zwiebel

1 Knoblauchzehe

1 EL Kokosöl

1 EL edelsüßes Paprikapulver

1 Msp. Chiliflocken

½ TL Salz

1 EL Ahornsirup

200 ml Kokosmilch

4 EL passierte Tomaten
(aus der Dose)

3 EL Erdnussmus

### AUSSERDEM

1 Handvoll Spinat

1 Limette

## SO GEHT'S

1 Die Süßkartoffel putzen, schälen und in kleine Würfel schneiden. In einem Topf ausreichend Wasser aufkochen, die Süßkartoffelwürfel hinzugeben und 15–20 Minuten garen. Nach ca. 10 Minuten die grünen Bohnen hinzufügen und mitgaren. Anschließend den Topfinhalt durch ein Sieb abgießen und gut abtropfen lassen.

2 Die Kidneybohnen abgießen, abspülen und abtropfen lassen. Den Reis in ein feinmaschiges Sieb geben und so lange mit Wasser abspülen, bis es klar ist.

3 Den Saft der Limette auspressen. Die Zwiebel und den Knoblauch schälen und fein hacken. In einem Topf das Kokosöl erhitzen und die Gewürze und den Ahornsirup bei mittlerer Hitze etwa eine halbe Minute rösten, dann mit dem Limettensaft ablöschen. In einem weiteren Topf den Reis mit 200 ml Wasser, Kokosmilch, passierten Tomaten und dem Erdnussmus verrühren. Die Flüssigkeit aufkochen, dann die Hitze reduzieren und 20–25 Minuten weiterköcheln lassen, dabei gelegentlich umrühren. Kurz vor Ende der Garzeit die Süßkartoffelwürfel und die grünen Bohnen einrühren.

4 Den Spinat verlesen, waschen und trocken schütteln. Die Limette halbieren und vierteln. Den Gemüse-Reis auf zwei Schüsseln verteilen und mit dem Spinat und den Limettenspalten toppen.

## ! TIPP

Anstelle der Süßkartoffel kann auch prima ein kleiner Kürbis verwendet werden.

30 MINUTEN

# HOT-CREAMSOUP-BOWL

## MIT SÜSSKARTOFFELN UND MÖHREN

### ZUTATEN

FÜR DIE CREMESUPPE

500 g Süßkartoffeln

2 gelbe Möhren

1 Knoblauchzehe

3 EL Olivenöl

1 TL Chiliflocken

½ TL gemahlener Ingwer

¼ TL gemahlener Koriander

1 TL Salz

1 EL Aceto balsamico bianco

AUSSERDEM

50 g Quinoa

Salz

¼ rote Zwiebel

1 Handvoll Feldsalat

### SO GEHT'S

1 Den Backofen auf 180 °C (Ober-/Unterhitze) vorheizen und ein Backblech mit Backpapier auslegen.

2 Die Süßkartoffeln putzen, schälen und in Würfel schneiden. Die Möhren schälen und in etwa 1 cm dicke Scheiben schneiden. Das geschnittene Gemüse auf das Backblech legen und im heißen Ofen (Mitte) ca. 20 Minuten garen.

3 In der Zwischenzeit die Quinoa in ein feinmaschiges Sieb geben und so lange mit Wasser abspülen, bis es klar ist. Mit ca. 150 ml Salzwasser in einen Topf geben und aufkochen. Die Hitze reduzieren und ca. 20 Minuten weiterköcheln lassen, bis die Flüssigkeit vollständig aufgenommen wurde, dann vom Herd nehmen und warm halten.

4 Währenddessen den Knoblauch schälen und halbieren. Das Olivenöl in einem Kochtopf erhitzen, die Gewürze mit dem Salz hinzufügen und ca. 1 Minute rösten. Dann mit Balsamico ablöschen und den Knoblauch mit 100 ml Wasser hinzufügen und bei niedriger Hitze 2–3 Minuten andünsten. Anschließend Süßkartoffeln, Möhren und 300 ml Wasser hinzugeben und nochmal aufkochen lassen. Die Hitze reduzieren und mithilfe eines Stabmixers zu einer cremigen Masse pürieren.

5 Die Zwiebel schälen und in Ringe schneiden. Den Feldsalat waschen und trocken schütteln.

6 Vor dem Servieren die Flüßigkeit erneut aufkochen lassen und anschließend auf zwei Schüsseln verteilen. Dann mit je 2 EL Quinoa, ein paar Zwiebelringen und etwas Feldsalat garnieren.

30 MINUTEN

20 MINUTEN

# BELLA-ITALIA-BOWL

## MIT LINSEN-BOLOGNESE

### ZUTATEN

FÜR DIE BOLOGNESE

100 g rote Linsen

½ Zwiebel

2 Knoblauchzehen

1 EL Olivenöl

2 EL Aceto balsamico

1 TL Ahornsirup

10 Kirschtomaten

1 Dose stückige Tomaten (400 g Füllgewicht)

AUSSERDEM

140 g Fusilli

¼ Bund frisches Basilikum

2 EL geriebene Mandeln

2 EL Olivenöl

### SO GEHT'S

1 In einem Topf ausreichend Salzwasser aufkochen, die Nudeln hinzugeben und nach Packungsanleitung garen.

2 In der Zwischenzeit die Linsenbolognese zubereiten. Dafür die Linsen in einem feinmaschigen Sieb so lange mit Wasser abspülen, bis es klar ist. Zwiebel und Knoblauch schälen und fein hacken. Das Olivenöl in einem Topf erhitzen, Zwiebel und Knoblauch hinzugeben und anbraten. Nach 2 Minuten mit dem Balsamico ablöschen und Ahornsirup, Linsen und 300 ml Wasser hinzufügen und aufkochen. Sobald die Linsen kochen, die Hitze reduzieren und ca. 12 Minuten weiterköcheln lassen.

3 In der Zwischenzeit das Basilikum waschen, trocken schütteln und die Blättchen abzupfen. Tomaten waschen und halbieren.

4 Nun die stückigen Tomaten zu den Linsen geben und erneut aufkochen. Die Hitze reduzieren, die Tomatenhälften hinzugeben und weitere 5 Minuten köcheln lassen. Dann die Nudeln in ein Sieb abgießen und gut abtropfen lassen.

5 Die Nudeln auf zwei Teller verteilen. Die Linsenbolognese darübergeben, mit den Basilikumblättern und geriebenen Mandeln bestreut und etwas Olivenöl beträufelt servieren.

25 MINUTEN

# EASY-PASTA-BOWL

## MIT PAPRIKA-MANDEL-SAUCE

### ZUTATEN

FÜR DIE SAUCE

1 Zitrone

2 Gläser gegrillte Paprika (ohne Öl; à 220 g Abtropfgewicht)

50 g geschälte Mandeln

2 EL Olivenöl

2 TL Ahornsirup

¼ TL Salz

Pfeffer

AUSSERDEM

160 g Nudeln (z. B. Penne)

Salz

2–3 Zweige Thymian

2 EL gemahlene Mandeln

### SO GEHT'S

1 In einem Topf ausreichend Salzwasser aufkochen, die Penne hineingeben und nach Packungsanleitung garen.

2 Die Zitrone auspressen. Die Paprika abgießen, abspülen und abtropfen lassen. Dann die Paprika mit Mandeln, Öl, Ahornsirup, Salz, 1 Prise Pfeffer und 2 EL Wasser in einen Standmixer geben oder mit einem Stabmixer cremig pürieren.

3 Den Thymian waschen, trocken schütteln und grob zerzupfen. Die Nudeln abgießen, gut abtropfen lassen und auf zwei Schüsseln verteilen. Die Paprikasauce darüber verteilen, mit dem Thymian garnieren und mit den gemahlenen Mandeln bestreuen.

### TIPP

Für eine schnelle, selbstgemachte Tomatensauce die gegrillten Paprika durch getrocknete und in Öl eingelegte Tomaten ersetzen. Anstelle der Mandeln können auch geröstete Sonnenblumenkerne verwendet werden. Dazu die Kerne für 4–5 Minuten bei mittlerer Hitze in einer Pfanne ohne Fett rösten.

25 MINUTEN

# ONE-POT-BUCHWEIZEN-BOWL

## MIT ERBSEN UND ZUCKERSCHOTEN

### ZUTATEN

120 g Buchweizen

1 kleine Zwiebel

1 Knoblauchzehe

1 EL Olivenöl

½ TL Currypulver

½ TL gemahlener Koriander

¼ TL gemahlener Kreuzkümmel

¼ TL gemahlener Ingwer

1 TL Kokosblütenzucker

Salz

25 ml veganer Weißwein
(alternativ 25 ml Apfelessig)

200 g TK-Erbsen

150 g TK-Zuckerschoten

1 Frühlingszwiebel

1 TL Hanfsamen

### SO GEHT'S

1 Den Buchweizen in ein feinmaschiges Sieb geben und so lange mit Wasser abspülen, bis es klar ist.

2 Die Zwiebel und den Knoblauch schälen, fein hacken und mit Olivenöl, Gewürzen, Kokosblütenzucker und 1 Prise Salz in einen Topf geben und bei mittlerer Hitze ca. 30 Sekunden rösten. Mit dem Weißwein ablöschen und noch 2 Minuten weiterköcheln. Den Buchweizen und 400–500 ml Wasser hinzufügen, gut umrühren, nochmal aufkochen lassen und dann bei mittlerer Hitze für 20–25 Minuten weiterköcheln lassen, dabei gelegentlich umrühren.

3 In der Zwischenzeit in einem Topf ausreichend Wasser zum Kochen bringen und darin die Erbsen und Zuckerschoten blanchieren und anschließend beiseitestellen. Die Frühlingszwiebel putzen, waschen und in feine Ringe schneiden.

4 Kurz vor Ende der Garzeit des Buchweizens die blanchierten Erbsen und die Zuckerschoten unterheben und noch kurz mitgaren. Anschließend den Gemüse-Buchweizen auf zwei Schüsseln verteilen und, mit den Frühlingszwiebeln sowie Hanfsamen bestreut, servieren.

25 MINUTEN

# CRÊPES-BOWL
## MIT KÜRBISCREME-FÜLLUNG

### ZUTATEN

FÜR DIE CRÊPES
- 2 EL Chia-Samen
- 50 g Dinkelmehl
- 40 g Kichererbsenmehl
- ½ TL Backpulver
- 1 EL schwarzer Sesam
- 1 EL Leinöl
- 170 ml Mandeldrink
- 1 EL Kokosöl zum Braten

FÜR DIE KÜRBISCREME
- 75 g vegane Quarkalternative
- 30 g gemahlene Kürbiskerne
- 1 EL Leinöl
- 1 TL Ahornsirup
- Salz

AUSSERDEM
- 150 g Kirschtomaten
- ½ Zitrone
- 1 EL Olivenöl
- 1 TL Ahornsirup
- Salz
- 6 Salatblätter
- 1 EL Kürbiskerne

### SO GEHT'S

1 Die Chia-Samen mit 50 ml Wasser in eine Schüssel geben, gut vermengen und für etwa 15 Minuten quellen lassen.

2 In der Zwischenzeit die Kürbiscreme zubereiten. Dafür die Zutaten gemeinsam mit 1 EL Wasser verrühren, mit etwas Salz abschmecken und bis zur Verwendung in den Kühlschrank stellen.

3 Die Kirschtomaten waschen. Die Zitrone auspressen. Das Olivenöl in einer Pfanne erhitzen und die Tomaten darin mit Ahornsirup, Zitronensaft und 1 Prise Salz bei niedriger Hitze 10–12 Minuten andünsten.

4 Für die Crêpes beide Mehlsorten, Backpulver, Sesam, Leinöl, Mandeldrink und die Chia-Samen vermengen und zu einem glatten Teig verrühren.

5 Das Kokosöl in einer Pfanne schmelzen und durch Schwenken gleichmäßig darin verteilen. Den Crêpe-Teig mit einer Schöpfkelle (entspricht 5 EL) in die Pfanne geben, dabei diese wieder leicht schwenken, um den Teig gleichmäßig am Pfannenboden zu verteilen. Die Crêpes bei mittlerer Hitze von beiden Seiten jeweils 2–3 Minuten goldbraun backen. Mit dem restlichen Teig ebenso verfahren.

6 Die fertigen Crêpes auf einen Teller geben, mit Kürbiscreme bestreichen, einrollen und in etwa 2 cm große Röllchen schneiden.

7 Die Salatblätter waschen, trocken schütteln, grob zerzupfen und auf zwei Schüsseln aufteilen. Darauf die gerollten Crêpes und die Tomaten platzieren und mit den Kürbiskernen bestreuen.

### TIPP

Dazu einen grünen Blattsalat mit dem Aceto-balsamico-Dressing (siehe S. 24) servieren.

40 MINUTEN

# DINNER-BOWLS

# BOHNEN-KAKAO-BOWL
## MIT COUSCOUS

### ZUTATEN

**FÜR DIE BOHNEN**

1 rote Zwiebel

2 Knoblauchzehen

3 Möhren

1 gelbe Paprika

1 Zitrone

2 EL Kokosöl

¼ TL Chiliflocken

1 TL Kümmelsamen

1 EL edelsüßes Paprikapulver

Salz – Pfeffer

1 TL getrockneter Oregano

1 Dose passierte Tomaten (400 g Füllgewicht)

1 TL Ahornsirup

1 EL Backkakao

1 Dose weiße Bohnen (ca. 240 g Abtropfgewicht)

**AUSSERDEM**

100 g Couscous

Salz

¼ Bund Petersilie

2 EL Sesam

### SO GEHT'S

1. Die Zwiebel und den Knoblauch schälen und fein hacken. Die Möhren putzen und schälen. Die Paprika halbieren, putzen und waschen. Beides in kleine Würfel schneiden. Die Zitrone auspressen.

2. Das Kokosöl in einem Topf erhitzen. Die Gewürze hinzufügen und etwa 2 Minuten rösten. Anschließend mit Zitronensaft und 50 ml Wasser ablöschen. Passierte Tomaten, Ahornsirup, Backkakao und das Gemüse hinzugeben und alles aufkochen lassen.

3. In der Zwischenzeit die Bohnen abgießen, abspülen, abtropfen lassen und zum Chili geben. Anschließend alles für weitere 10 Minuten köcheln lassen.

4. Für den Couscous 200 ml Salzwasser in einem Topf zum Kochen bringen. Den Couscous in eine hitzebeständige Schüssel geben, mit dem kochenden Wasser übergießen und 5–10 Minuten quellen lassen.

5. Die Petersilie waschen, trocken schütteln und die Blättchen abzupfen. Den Couscous auf zwei tiefe Teller aufteilen, dann den Bohnen-Kakao-Eintopf darübergeben und mit Petersilie und Sesam garnieren.

### TIPP

Anstelle des Couscous kann auch eine glutenfreie Alternative wie z. B. Quinoa und im Herbst anstelle der Möhren ein ¼ Hokkaido-Kürbis verwendet werden.

40 MINUTEN

# 1001-NACHT-BOWL

## ZUTATEN

### FÜR DAS TABBOULEH

100 g Couscous – Salz

1 rote Zwiebel

2 Tomaten

½ Gurke

½ Bund Petersilie

1 Zitrone – 2 EL Olivenöl

1 TL Ahornsirup

### FÜR DEN TOFU

3 EL gemahlener Koriander

1 EL edelsüßes Paprikapulver

1 EL Kreuzkümmelsamen

je ½ TL gemahlene Kurkuma, Zimt und Kardamom

1 EL gemahlener Ingwer

1 Msp. Chiliflocken

2 EL Olivenöl

1 TL Ahornsirup

Salz – Pfeffer

200 g Tofu

1 Dose Kichererbsen (ca. 240 g Abtropfgewicht)

Rapsöl

### AUSSERDEM

Natur-Hummus (siehe S. 20)

2 EL Sesam – 1 Msp. Chiliflocken

## SO GEHT'S

1 Für das Tabbouleh 200 ml Salzwasser zum Kochen bringen. Den Couscous in eine hitzebeständige Schüssel geben, mit dem kochenden Wasser übergießen und 5–10 Minuten quellen lassen. Die Zwiebel schälen und fein hacken. Die Tomaten waschen und klein würfeln. Die Gurke putzen, waschen und ebenfalls würfeln. Die Petersilie waschen, trocken schütteln und die Blättchen abzupfen. Die Zitrone auspressen und den Zitronensaft mit Olivenöl, Ahornsirup und Salz vermengen und über das Tabbouleh geben.

2 Für die Tofu-Marinade die Gewürze mit Olivenöl, Ahornsirup, je 1 Prise Salz und Pfeffer sowie 2 EL Wasser verrühren. Den Tofu in Würfel schneiden. Die Kichererbsen abgießen, abspülen und abtropfen lassen. Die Tofu-Würfel und die Kichererbsen in getrennte Schüsseln geben und marinieren.

3 In einer Pfanne etwas Öl erhitzen und den Tofu darin bei mittlerer Hitze rundum anbraten. Den Tofu herausnehmen, die Pfanne auswischen, erneut etwas Öl erhitzen und die Kichererbsen darin knusprig rösten.

4 Tabbouleh, Tofu-Würfel und Kichererbsen auf zwei tiefe Teller verteilen, je 2 EL Hummus in die Mitte geben und alles mit Sesam und Chiliflocken bestreuen.

### TIPP

Für eine Extra-Portion Abwechslung sorgt hier der Süßkartoffel-Curry-Hummus von S. 21 anstatt der Natur-Variante

30 MINUTEN

# ORIENTAL-CURRY-BOWL

## MIT TOFU-SPIESSEN UND SPICY KICHERERBSEN

### ZUTATEN

FÜR DEN CURRY-REIS

100 g Reis – Salz

½ rote Zwiebel

1 EL Kokosöl – 1 TL Currypulver

½ TL gemahlener Koriander

¼ TL gemahlener Kreuzkümmel

1 Zitrone – 25 g Rosinen

FÜR DEN SALAT

½ rote Zwiebel – 3 Mini-Gurken

100 g bunte Kirschtomaten

½ Bund Petersilie – 2 EL Weinessig

2 EL Olivenöl – 1 TL Senf

1 TL Ahornsirup – Salz – Pfeffer

FÜR DIE TOFU-SPIESSE

½ TL Salz – ¼ TL Knoblauchpulver

½ TL edelsüßes Paprikapulver

¼ TL gemahlener Kreuzkümmel

Pfeffer – je ¼ TL gemahlene Kurkuma, Koriander und Ingwer

Chilipulver – 1 TL Ahornsirup

100 g Tofu

1 Dose Kichererbsen (ca. 240 g Abtropfgewicht) – Rapsöl

AUSSERDEM

Joghurt-Dip (siehe S. 22)

1 EL Sesam – Salz – Chilipulver

### SO GEHT'S

1 Den Reis in ein feinmaschiges Sieb geben und so lange mit Wasser abspülen, bis es klar ist. Zwiebel schälen und fein würfeln. Das Kokosöl im einem Topf erhitzen, die Gewürze mit ¼ TL Salz hinzugeben und bei mittlerer Hitze ca. 30 Sekunden rösten. Die Zitrone auspressen und den Saft in den Topf geben. Zwiebel mit 50 ml Wasser hinzufügen und 3–4 Minuten andünsten. Dann ca. 250 ml Salzwasser hinzugeben und aufkochen. Die Hitze reduzieren und ca. 20 Minuten weiterköcheln lassen, bis die Flüssigkeit vollständig aufgenommen wurde, dabei gelegentlich umrühren. Vom Herd nehmen und warm halten.

2 Für den Salat die Zwiebel schälen, vierteln und in feine Scheiben scheiden. Gurken putzen, waschen und in dünne Scheiben schneiden. Tomaten waschen und halbieren. Petersilie waschen, trocken schütteln und zerzupfen. Salat, Zwiebel, Gurken, Tomaten und Petersilie in einer Schüssel miteinander vermengen. Für das Dressing alle übrigen Zutaten mit je 1 Prise Salz und Pfeffer verrühren, zum Salat geben und nochmal alles gut vermischen.

3 Für den Tofu die Gewürze mit Ahornsirup und 2 EL Wasser verrühren. Tofu in Würfel schneiden. Kichererbsen abgießen, abspülen und abtropfen lassen. Tofu-Würfel und Kichererbsen in getrennte Schüsseln geben und mit der Gewürz-Mixtur marinieren. Die Tofu-Würfel auf die Schaschlickspieße stecken.

4 In einer Pfanne etwas Rapsöl erhitzen. Die Tofu-Spieße bei mittlerer Hitze darin rundum goldbraun anbraten. Den Tofu herausnehmen, die Pfanne auswischen, erneut etwas Öl erhitzen und die Kichererbsen darin knusprig rösten.

5 Den Curry-Reis, die Kichererbsen und den Salat auf zwei tiefe Teller verteilen. Je 1 Tofu-Spieß darüberlegen und mit 1 EL Dip, etwas Sesam, Salz und Chilipulver toppen.

40 MINUTEN

# CASHEW-POLENTA-BOWL

## MIT FEURIGEM GEMÜSE

### ZUTATEN

FÜR DIE POLENTA

500 ml Mandeldrink

120 g Maisgrieß

2 TL Kokosöl

ayurvedisches Zaubersalz (alternativ Salz) – Pfeffer

100 g Cashew-Käsealternative

FÜR DAS GEMÜSE

1 EL edelsüßes Paprikapulver

1 Msp. Chilipulver

¼ TL gemahlener Kreuzkümmel

2 EL Olivenöl, plus etwas zum Braten

1 TL Ahornsirup

Salz

4 kleine Möhren

1 kleine gelbe Zucchini

10 Kirschtomaten

½ rote Zwiebel

10 Oliven (ohne Stein)

AUSSERDEM

Gartenkresse

### SO GEHT'S

1 Für die Polenta den Mandeldrink in einem Topf zum Kochen bringen. Die Polenta unter ständigem Rühren einrieseln lassen, dann Kokosöl und je 1 Prise Salz und Pfeffer hinzufügen. Die Hitze reduzieren und für ca. 15 Minuten bei niedriger Hitze quellen lassen. Währenddessen die Käsealternative in kleine Würfel schneiden. Etwa 5 Minuten vor Garzeitende den Käse in die Polenta einrühren. Wenn die Polenta zu fest wird, noch etwas Mandeldrink nachgießen. Vom Herd nehmen und warm halten.

2 Für das Gemüse Paprikapulver, Chili, Kreuzkümmel, Öl, Ahornsirup und 1 Prise Salz in einer kleinen Schüssel verrühren. Die Möhren und die Zucchini putzen, schälen und in dünne Scheiben schneiden. Die Tomaten waschen und halbieren. Zwiebel schälen und in dünne Ringe schneiden. Das Gemüse in eine Schüssel geben und mit dem Würzöl vermengen.

3 In einer Pfanne etwas Olivenöl erhitzen und das marinierte Gemüse bei mittlerer Hitze ca. 10 Minuten anbraten. Ggf. noch etwas Wasser hinzufügen, sodass etwas Flüssigkeit vorhanden ist.

4 Die Polenta auf zwei Schüsseln verteilen, dann das angebratene Gemüse und die Oliven darübergeben, mit etwas frischer Gartenkresse bestreuen und servieren.

35 MINUTEN

# BLUMENKOHLBÄLLCHEN-BOWL

## MIT BRATKARTOFFELN

### ZUTATEN

FÜR DIE BLUMENKOHL-BÄLLCHEN

3 EL Chia-Samen

250 g kleine Kartoffeln

500 g Blumenkohl

1 rote Zwiebel

3 Knoblauchzehen

80 g Maisgrieß, plus etwas mehr für die Panade

1 TL Ahornsirup

Saft von einer ½ Zitrone

1 TL Salz – Pfeffer

FÜR DEN SALAT

100 g grüner Salat-Mix

1 gelbe Möhre

2 EL Aceto balsamico

2 EL Olivenöl – 1 TL Ahornsirup

frische Gartenkräuter – Salz

AUSSERDEM

1 kleine Zucchini

Olivenöl zum Braten

2 ELJoghurt-Dip (siehe S. 22)

6 essbare Blüten

Gartenkresse

### SO GEHT'S

1 Die Chia-Samen mit 50 ml Wasser verrühren und ca. 15 Minuten quellen lassen. Den Backofen auf 180 °C (Ober-/Unterhitze) vorheizen und ein Backblech mit Backpapier auslegen. Die Kartoffeln putzen, waschen und auf dem Bech platzieren.

2 Den Blumenkohl putzen, waschen und auf einer Gemüsereibe fein raspeln. Zwiebel und Knoblauch schälen, fein hacken und gemeinsam mit den gequollenen Chia-Samen, restlichen Zutaten und 1 Prise Pfeffer in eine Schüssel geben, dann gut miteinander vermengen. Wenn die Masse zu feucht ist, noch etwas Maisgrieß hinzufügen. Anschließend mit den Händen aus der Masse jeweils etwa 5 cm große Bällchen formen und in einem tiefen Teller mit etwas Maisgrieß wälzen. Die Bällchen mit auf das Blech legen und im heißen Ofen (Mitte) 30–40 Minuten goldbraun backen. Herausnehmen und etwas abkühlen lassen.

3 Die Zucchini putzen, waschen und in dünne Scheiben schneiden. In einer Pfanne etwas Öl erhitzen und die Zucchini bei mittlerer Hitze von beiden Seiten 4–5 Minuten braten. Dann die Pfanne auswischen, erneut etwas Öl erhitzen, die abgekühlten Kartoffeln halbieren und 6–7 Minuten darin knusprig braten.

4 Den Salat verlesen, waschen, trocken schütteln und grob zerzupfen. Die Möhre putzen, schälen und in feine Scheiben schneiden. Salat und Möhren in eine Schüssel geben und vermengen. Für das Dressing alle übrigen Zutaten miteinander verrühren, zum Salat geben und nochmal alles gut vermischen.

5 Den Joghurt-Dip, wie auf S. 22 beschrieben, zubereiten. Salat, Bratkartoffeln, Zucchini und Blumenkohl-Bällchen auf zwei tiefe Teller verteilen und mit je 1 EL Dip, Blüten und Gartenkresse garnieren und mit etwas Salz und Pfeffer würzen.

55 MINUTEN

# FENCHEL-DAL-BOWL

## ZUTATEN

### FÜR DAS DAL

1 Stück frischer Ingwer (ca. 2 cm)

½ rote Zwiebel

3 Knoblauchzehen

1 Zitrone

1 EL Kokosöl

2 TL Currypulver

1 TL Kreuzkümmelsamen

1 TL gemahlener Koriander

1 TL Ahornsirup

160 g gelbe Linsen

Salz – Pfeffer

### AUSSERDEM

100 g rote Quinoa

1 Süßkartoffel

1 Fenchelknolle

Olivenöl zum Braten

1 EL schwarzer Sesam

1 TL Ahornsirup

½ TL Salz

½ Zwiebel

1 Handvoll Salatblätter (z. B. Feldasalat)

## SO GEHT'S

1 Ingwer, Zwiebel und Knoblauch schälen und fein hacken. Die Zitrone auspressen. Das Kokosöl in einem Topf erhitzen und die Gewürze darin für etwa 2 Minuten rösten, dann mit dem Zitronensaft und 50 ml Wasser ablöschen. Ahornsirup, Zwiebel und Knoblauch hinzufügen und ca. 3 Minuten unter ständigem Rühren anbraten. Anschließend 500–600 ml Wasser einrühren und alles aufkochen, dann auf niedrige Hitze reduzieren, die Linsen hinzugeben und unter gelegentlichem Rühren 20–25 Minuten köcheln lassen, bis die Flüssigkeit vollständig aufgenommen wurde. Mit Salz und Pfeffer abschmecken.

2 In der Zwischenzeit die Quinoa in ein feinmaschiges Sieb geben und so lange mit Wasser abspülen, bis es klar ist. Anschließend mit 300 ml Wasser in einen Topf geben und aufkochen, dann auf mittlere Hitze reduzieren und für ca. 20 Minuten köcheln lassen, dabei gelegentlich umrühren. Nach dem Kochen kurz abkühlen lassen.

3 Währenddessen die Süßkartoffel putzen, schälen und in mundgerechte Würfel schneiden. Den Fenchel putzen, waschen und in Scheiben schneiden. Das Gemüse in einen Topf mit ausreichend Wasser geben und zum Kochen bringen. Dann die Hitze reduzieren und das Gemüse für 14–16 Minuten garen. Anschließend das Wasser abgießen, etwas Öl in einer Pfanne erhitzen. Sesam, Ahornsirup und Salz einrühren. Das Gemüse hinzufügen, gut darin schwenken und kurz anbraten.

4 Die Zwiebel schälen und in dünne Scheiben schneiden. Die Salatblätter verlesen, waschen und trocken schütteln.

5 Süßkartoffeln, Fenchel, Dal und Quinoa auf zwei tiefe Teller verfteilen und, mit den Zwiebelringen, etwas Salat und Sesam getoppt, servieren.

40 MINUTEN

# GERÖSTETE KÜRBIS-BOWL

## MIT ROTKOHL UND QUINOA-BOHNEN-SALAT

### ZUTATEN

FÜR DEN ROTKOHL

½ Rotkohl

Olivenöl zum Braten

2 EL Aceto balsamico bianco

Salz – Pfeffer

FÜR DEN SALAT

100 g rote Quinoa

Salz

400 g weiße Bohnen (ca. 240 g Abtropfgewicht)

½ Bund Schnittlauch

FÜR DAS DRESSING

2 EL Apfelessig

2 EL Olivenöl

1 TL Ahornsirup

Salz – Pfeffer

AUSSERDEM

½ Hokkaido-Kürbis (ca. 250 g)

Salz – Pfeffer

### SO GEHT'S

1 Die Quinoa in ein feinmaschiges Sieb geben und so lange mit Wasser abspülen, bis es klar ist. Anschließend die Quinoa mit ca. 250 ml Salzwasser in einen Topf geben, kurz aufkochen lassen, dann die Hitze reduzieren und noch 20 Minuten weiterköcheln lassen, dabei gelegentlich umrühren. Vom Herd nehmen und warm halten.

2 Den Backofen auf 180 °C (Ober-/Unterhitze) vorheizen und ein Backblech mit Backpapier auslegen.

3 Den Kürbis putzen, halbieren, entkernen und das Fruchtfleisch in Spalten schneiden. Die Kürbisspalten auf das Blech legen und im heißen Ofen (Mitte) ca. 20 Minuten garen.

4 Den Rotkohl putzen, waschen, halbieren und auf einer Gemüsereibe in feine Streifen hobeln. In einer Pfanne etwas Öl erhitzen und den Rotkohl darin ca. 3 Minuten bei mittlerer Hitze dünsten. Mit dem Balsamico ablöschen und für noch 2–3 Minuten weiterdünsten. Mit etwas Salz und Pfeffer würzen.

5 Für das Dressing die Zutaten mit 2 EL Wasser verrühren. Für den Salat die Bohnen abgießen, abspülen und abtropfen lassen. Den Schnittlauch waschen, trocken schütteln und fein hacken. Die Bohnen und etwa zwei Drittel des gehackten Schnittlauches zur Quinoa geben, mit dem Dressing beträufeln und alles gut vermengen.

6 Quinoa-Bohnen-Salat, Rotkohl und Kürbisspalten auf zwei tiefe Teller verteilen. Mit Salz und Pfeffer würzen und mit dem übrigen Schnittlauch bestreuen.

20 MINUTEN

20 MINUTEN

# OFENGEMÜSE-BOWL

## MIT KARTOFFEL-MANDEL-SUPPE

### ZUTATEN

FÜR DIE SUPPE

50 g geschälte Mandeln

500 g mehligkochende Kartoffeln

1 TL Salz

150 ml Mandeldrink

1 Msp. Chiliflocken

¼ TL Knoblauchpulver

1 TL Ahornsirup

Saft von einer ½ Zitrone

200 ml Gemüsebrühe

Salz – Pfeffer

FÜR DAS OFENGEMÜSE

je 1 Rote und Gelbe Bete

1 kleine Pastinake

2 junge Möhren

2 rote Zwiebeln

4 Knoblauchzehen

1 EL Olivenöl

AUSSERDEM

frische Kräuter (z. B. Petersilie; alternativ Karottengrün)

2 TL Olivenöl

### SO GEHT'S

1 Am Vortag die Mandeln über Nacht in einer Schüssel, mit kaltem Wasser gut bedeckt, einweichen.

2 Den Backofen auf 180 °C (Ober-/Unterhitze) vorheizen und ein Backblech mit Backpapier auslegen.

3 Die Kartoffeln schälen und vierteln. In einem Topf ausreichend Wasser mit Salz erhitzen und die Kartoffeln darin garen. Anschließend abgießen, abtropfen und ausdampfen lassen.

4 Die beiden Beten, Pastinake und Möhren putzen und schälen. Beten achteln und Pastinake in feine Scheiben schneiden. Die Zwiebeln schälen und achteln. Den Knoblauch schälen. Das Gemüse auf das Blech legen, mit dem Olivenöl beträufeln und im heißen Ofen (Mitte) 20–25 Minuten garen.

5 Die gekochten Kartoffeln mit eingeweichten Mandeln, Mandeldrink, Gewürzen, Zitronensaft und der Gemüsebrühe in einen Topf geben und aufkochen. Dann die Hitze reduzieren und mit Hilfe eines Stabmixers zu einer cremigen Suppe pürieren. Vor dem Servieren die Flüssigkeit erneut aufkochen und mit Salz und Pfeffer abschmecken.

6 Die Suppe auf zwei Schüsseln verteilen, das Ofengemüse obenauf platzieren und mit etwas Olivenöl beträufeln.

### TIPP

Wer es etwas schärfer mag, der kann das Olivenöl vor dem Beträufeln mit 1 Msp. Chilipulver verrühren.

30 MINUTEN

20–25 MINUTEN

# FULL-PROTEIN-BOWL

## MIT OFEN-AUBERGINE, SPINAT UND KICHERERBSEN

### ZUTATEN

FÜR DAS GEMÜSE

1 Aubergine – Olivenöl

¼ TL gemahlene Kurkuma

¼ TL edelsüßes Paprikapulver

je 1 Msp. Chilipulver und gemahlener Ingwer – Salz

½ rote Zwiebel

250 g Baby-Spinat

1 EL Ahornsirup

Saft von einer ½ Zitrone

200 g Kirschtomaten

2 EL Aceto balsamico

FÜR DIE KICHERERBSEN

1 Dose Kichererbsen (ca. 240 g Abtropfgewicht)

1 rote Zwiebel – 1 EL Olivenöl

¼ TL gemahlener Koriander

¼ TL Knoblauchpulver – Salz

AUSSERDEM

4 EL Joghurt-Dip (siehe S. 22)

Gartenkresse

1 EL Olivenöl

### SO GEHT'S

1 Den Backofen auf 180 °C (Ober-/Unterhitze) vorheizen und ein Backblech mit Backpapier auslegen.

2 Die Aubergine putzen, waschen, längs halbieren und mit einem scharfen Messer auf die Schnittfläche ein rautenförmiges Muster einritzen. Für die Marinade 1 EL Olivenöl, Kurkuma, Paprikapulver, Chili, Ingwer und 1 Prise Salz miteinander verrühren. Anschließend die Aubergine auf der Schnittfläche damit bestreichen und im heißen Ofen (Mitte) 30–40 Minuten garen. Währenddessen die Kichererbsen abgießen, abspülen und abtropfen lassen. Zwiebel schälen und klein würfeln. Kichererbsen und Zwiebel in eine ofenfeste Auflaufform geben und mit Olivenöl, den Gewürzen und 1 Prise Salz vermengen. Ca. 10 Minuten vor Garzeitende der Aubergine die Kichererbsen mit auf das Blech geben und mitgaren.

3 Die Zwiebel schälen und fein würfeln. Den Spinat verlesen, waschen und trocken schütteln. In einem Topf 1 EL Olivenöl erhitzen und die Zwiebel mit Ahornsirup hinzufügen und braten. Mit dem Zitronensaft ablöschen, auf mittlere Hitze reduzieren, den Spinat mit 30 ml Wasser hinzufügen und 4–5 Minuten köcheln lassen, dabei öfters umrühren.

4 Die Tomaten waschen und halbieren. In einer Pfanne etwas Olivenöl erhitzen, die Tomaten hinzufügen, ca. 1 Minute anbraten, mit dem Balsamico und 1 EL Wasser ablöschen und noch 2–3 Minuten köcheln lassen. Mit Salz abschmecken.

5 Den Joghurt-Dip, wie auf S. 22 beschrieben, zubereiten. Zum Servieren Gemüse und Kichererbsen auf zwei tiefe Teller verteilen, je 2 EL Dip daraufgeben, mit etwas Gartenkresse bestreuen und mit Olivenöl beträufeln.

30 MINUTEN

30–40 MINUTEN

# KÜRBIS-RISOTTO-BOWL

## MIT FEIGEN UND WALNÜSSEN

### ZUTATEN

250 g Hokkaido-Kürbis

4 EL Olivenöl

1 rote Zwiebel

200 g Risottoreis

475 ml Weißwein (alternativ Aceto balsamico bianco)

2 TL Gemüsebrühe (Pulver)

2 EL Hefeflocken

4 getrocknete Feigen

40 g Walnusskerne

#### AUSSERDEM

1 frische Feige

Gartenkresse

### SO GEHT'S

1. Den Backofen auf 180 °C (Ober-/Unterhitze) vorheizen und ein Backblech mit Backpapier auslegen.

2. Den Kürbis halbieren, entkernen, das Fruchtfleisch klein würfeln und in eine ofenfeste Auflaufform geben. Mit 2 EL Olivenöl vermengen und im heißen Ofen (Mitte) 20–30 Minuten garen.

3. In der Zwischenzeit die Zwiebel schälen und fein hacken. Den Risottoreis in ein feinmaschiges Sieb geben und so lange mit Wasser abspülen, bis es klar ist. Das restliche Olivenöl in einem Topf erhitzen, die Zwiebel hinzufügen und darin 2–3 Minuten andünsten. Dann den Reis hinzugeben, glasig anbraten und anschließend mit dem Weißwein ablöschen. Nach ca. 2 Minuten 100 ml Wasser, Gemüsebrühe und Hefeflocken hinzufügen. Nach und nach noch etwa 350 ml Weißwein zugießen und bei niedriger Hitze köcheln lassen, bis das Risotto die gewünschte Konsistenz erreicht hat.

4. Währenddessen die getrockneten Feigen in kleine Würfel schneiden und die Walnüsse grob hacken. Kurz vor Ende der Kochzeit Feigen, Walnüsse und Kürbiswürfel zum Risotto geben und alles vermengen.

5. Die frische Feige waschen und in feine Spalten schneiden. Das Risotto auf zwei Schüsseln verteilen und vor dem Servieren mit den frischen Feigenspalten und etwas Gartenkresse garnieren.

30 MINUTEN

20–30 MINUTEN

# KÜRBIS-BURGER-BOWL

## ZUTATEN

### FÜR DIE KÜRBIS-PATTYS

50 g Hirse

Salz

250 g Hokkaido-Kürbis

Olivenöl zum Braten

½ Zwiebel

1 Knoblauchzehe

1 Dose weiße Bohnen (ca. 240 g Abtropfgewicht)

1 TL Ahornsirup

Gartenkresse

Salz – Pfeffer

### FÜR DIE SENF-CREME

150 g vegane, stichfeste Joghurtalternative (z. B. Kokos-)

2 EL mittelscharfer Senf

1 EL Ahornsirup

Salz

### AUSSERDEM

200 g Feldsalat

4 EL Hummus (siehe S. 20)

2 frische Feigen

2 Vollkornbrötchen

## SO GEHT'S

1 Den Backofen auf 180 °C (Ober-/Unterhitze) vorheizen und ein Backblech mit Backpapier auslegen. Die Hirse in ein feinmaschigem Sieb geben und solange mit Wasser abspülen, bis es klar ist. Dann mit ca. 250 ml Salzwasser in einen Topf geben und aufkochen. Anschließend die Hitze reduzieren und ca. 20 Minuten weiterköcheln lassen, bis die Flüssigkeit vollständig aufgenommen wurde. Vom Herd nehmen und warm halten.

2 Den Kürbis halbieren, entkernen, das Fruchtfleisch und in große Stücke schneiden. Die Kürbiswürfel auf das Blech legen, mit 2 EL Olivenöl vermengen und im heißen Ofen (Mitte) 20–30 Minuten garen. Herausnehmen, kurz abkühlen lassen. Ein Drittel Kürbis in feine Streifen schneiden und im Ofen warm halten. Die übrigen Stücke mit einem Löffel aus der Schale lösen.

3 Für die Creme alle Zutaten in einer Schüssel verrühren, mit Salz abschmecken und kühl stellen, damit sie etwas fester wird.

4 Zwiebel und Knoblauch schälen und fein hacken. In einer Pfanne etwas Öl erhitzen und Zwiebel und Knoblauch darin glasig anbraten. Die Bohnen abgießen, abspülen, abtropfen lassen, zum losen Kürbisfruchtfleisch geben und mit einer Gabel zerdrücken. Zwiebel, Knoblauch, Hirse, Ahornsirup, Kresse und etwas Salz und Pfeffer hinzufügen, dann alles gut vermengen. Mit feuchten Händen 4–6 gleich große Pattys formen. In einer Pfanne etwas Olivenöl erhitzen und die Pattys von beiden Seiten 2–3 Minuten bei mittlerer Hitze goldbraun braten.

5 Den Salat verlesen, waschen und trocken schütteln. Hummus, wie auf S. 20 beschrieben, zubereiten. Feigen waschen und in feine Streifen schneiden. Brötchen längs halbieren, beide Hälften mit Hummus bestreichen, mit etwas Salat belegen und die Pattys darauflegen. Mit je 1 EL Creme bestreichen und Feigen, ein paar Kürbisstreifen und den Deckel obenauf legen. Die Burger mit dem übrigem Feldsalat und Kürbisspalten auf zwei tiefe Teller verteilen und mit restlicher Creme beträufeln.

55 MINUTEN

20–30 MINUTEN

# COLORFUL-ASIA-BOWL

## MIT ERDNUSS-SAUCE

### ZUTATEN

1 Zucchini

2 Möhren

1 gelbe Paprika

1 TL Kokosöl

120 g Reisnudeln

Salz

2 EL Erdnusskerne

Öl zum Braten

#### FÜR DIE SAUCE

1 Limette

1 Knoblauchzehe

1 kleines Stück Ingwer (ca. 1 cm)

2 EL Sojasauce

2 TL Erdnussmus

1 TL Reissirup

#### AUSSERDEM

2 EL geröstete Erdnusskerne

½ Limette

1 Handvoll Koriandergrün

### SO GEHT'S

1 Für die Erdnuss-Sauce die Limette auspressen. Den Knoblauch und den Ingwer schälen, sehr fein hacken und mit den übrigen Zutaten und 1 EL Wasser cremig rühren.

2 Die Zucchini putzen und waschen. Die Möhren putzen und schälen. Beides mit einem Spiralschneider in dünne Streifen (Julienne) schneiden. Die Paprika halbieren, putzen, waschen und in feine Streifen schneiden.

3 In einem Topf ausreichend Salzwasser aufkochen. Die Reisnudeln darin 4–5 Minuten ziehen lassen oder nach Packungsanweisung zubereiten, dann abgießen und abtropfen lassen. In einer Pfanne das Kokosöl erhitzen und das Gemüse bei mittlerer Hitze darin 3–4 Minuten braten.

4 Die Erdnüsse grob hacken und die Limette in Spalten schneiden. Den Koriander waschen, trocken schütteln und die Blättchen abzupfen. Die Reisnudeln und das Gemüse auf tiefe Teller verteilen. Alles mit den Erdnüssen und Korianderblättchen bestreuen und mit den Limettenspalten und der Erdnuss-Sauce servieren.

### TIPP

Wer unter einer Allergie leidet und daher Erdnüsse und Erdnussmus nicht verträgt, kann auch ebenso Cashewekerne und Cashewmus verwenden – schmeckt mindestens genauso lecker.

30 MINUTEN

# BLUMENKOHLREIS-BOWL

## MIT CURRY-LINSEN

### ZUTATEN

FÜR DEN BLUMENKOHLREIS

500 g Blumenkohl

1 Zitrone

1 TL Kokosöl

½ TL gemahlener Koriander

1 TL Ahornsiurp – Salz

FÜR DIE LINSEN

100 g rote Linsen

1 Limette

½ Zwiebel

1 Knoblauchzehe

1 TL Kokosöl

½ TL Currypulver

½ TL edelsüßes Paprikapulver

¼ TL gemahlener Koriander

1. Msp. Chiliflocken (nach Belieben)

Salz

1 EL Ahornsirup

1 EL Mandelmus

AUSSERDEM

1 Möhre

1 Handvoll Koriandergrün

2 EL Mandelblättchen

### SO GEHT'S

1 Den Blumenkohl putzen, waschen und auf einer Gemüsereibe fein raspeln. Die Zitrone auspressen. In einer Pfanne das Kokosöl erhitzen, dann Koriander mit Ahornsirup und 1 Prise Salz hinzufügen und für 1 Minute rösten. Mit dem Zitronensaft ablöschen, auf mittlere Hitze reduzieren, die Blumenkohlraspel hinzufügen und 15–20 Minuten anbraten, dabei mehrmals umrühren, sodass nichts anbrennt.

2 Die Linsen in ein feinmaschiges Sieb geben und so lange mit Wasser abspülen, bis es klar ist. Die Limette auspressen. Die Zwiebel und den Knoblauch schälen und fein hacken. Das Kokosöl in einem Topf erhitzen, die Gewürze sowie 1 Prise Salz hinzufügen und für ca. 1 Minute unter ständigem Rühren rösten. Mit dem Limettensaft ablöschen und Zwiebel und Knoblauch gemeinsam mit dem Ahornsirup und dem Mandelmus einrühren, kurz aufkochen lassen. Die Linsen mit 250 ml Wasser hinzufügen und erneut aufkochen. Dann auf mittlere Hitze reduzieren und alles noch weitere 10–12 Minuten köcheln lassen.

3 In der Zwischenzeit die Möhre putzen, schälen und mit einem Spiralschneider in dünne Streifen (Julienne) schneiden. Den Koriander waschen, trocken schütteln und die Blättchen abzupfen.

4 Den Blumenkohlreis auf zwei tiefe Teller verteilen. Die Linsen daraufgeben und mit Möhren-Streifen, Mandelblättchen und frischem Koriander garnieren.

30 MINUTEN

# DESSERT-
# BOWLS

# FRUCHTIGE BEEREN-BOWL

## MIT CASHEW-BÄLLCHEN

### ZUTATEN

FÜR DIE CASHEW-BÄLLCHEN

200 g Datteln (ohne Stein; z. B. Medjool-)

100 g Hirseflocken

60 g Haselnusskerne

1 EL Kokosöl

1–2 EL Apfelsaft

4 EL Haselnussmus

Salz

AUSSERDEM

100 g rote Johannisbeeren

100 g Kirschen

10 Erdbeeren

60 g Haselnusskerne

### SO GEHT'S

1 Für die Cashew-Bällchen alle Zutaten in einen leistungsstarken Standmixer geben auf niedriger Stufe zerkleinern, bis eine klebrige Masse entsteht. Wenn sie zu trocken wird, einfach noch 1 EL Apfelsaft hinzufügen. Anschließend mit feuchten Händen die Masse zu 18 gleich großen Kugeln (etwa Ø 2,5 cm) formen.

2 Die Johannisbeeren verlesen, waschen, vorsichtig trocken tupfen und von den Rispen abstreifen. Die Kirschen und die Erdbeeren putzen, waschen, halbieren und ggf. entsteinen.

3 Zwei kleine Schüsseln oder eine große Schüssel anrichten, erst das Obst darauf verteilen und dann die Cashew-Bällchen darauf platzieren. Mit Haselnüssen bestreuen. Als kleinen Snack oder zum Dessert in der Mitte des Tisches servieren.

### TIPP

Statt den Haselnüssen kann auch 1 EL Backkakao hergenommen werden – das sorgt für eine schokoladige Note. Die Früchte können je nach Saison und nach Belieben ausgetauscht werden. Für die ultimative Extraportion Schoko können die Früchte auch in den Cashew-Schokoladen-Aufstrich (siehe S. 23) gedippt werden – das ist süße Versuchung pur!

30 MINUTEN

# BANANA-DREAM-BOWL

## MIT CASHEW-SCHOKOLADEN-CREME

### ZUTATEN

FÜR DAS BANANENBROT

100 g gemahlene Mandeln

100 g Buchweizenmehl

2 TL Backpulver – Salz

4 kleine, reife Bananen

100 ml Mandeldrink

3 EL Ahornsirup

2 EL Kokosöl

FÜR DIE CREME

150 g Cashewkerne

½ Avocado

5 Medjool-Datteln

3 TL Backkakao

125 ml Mandeldrink

AUSSERDEM

1 Kastenform (30 x 11 cm)

30 g Zartbitterschokolade

### SO GEHT'S

1 Am Vortag die Cashewkerne über Nacht, mit kaltem Wasser gut bedeckt, einweichen.

2 Den Backofen auf 180 °C (Ober-/ Unterhitze) vorheizen und eine Kastenform mit Backpapier auslegen.

3 Für das Bananenbrot alle trockenen Zutaten mit 1 Prise Salz in eine Schüssel geben. 3 Bananen schälen, in grobe Stücke schneiden und mit Mandeldrink, Ahornsirup sowie Kokosöl in einen Standmixer geben und cremig pürieren. Die Bananencreme zu den trockenen Zutaten hinzufügen und mit einem Handrührgerät mixen. Anschließend den Teig in die vorbereitete Form geben. Die übrige Banane längs halbieren und mit der Schnittfläche nach unten mittig auf den Teig legen. Das Bananenbrot im heißen Ofen (Mitte) 30–40 Minuten goldbraun backen.

4 In der Zwischenzeit für die Creme die Cashewkerne abgießen. Die Avocado halbieren, schälen und den Kern entfernen. Die Datteln entsteinen. Anschließen alle Zutaten in den Standmixer geben und zu einer cremigen Masse pürieren.

5 Die Schokolade in grobe Stücke hacken. Die Cashew-Schokoladen-Creme auf zwei kleine Schüsseln verteilen. Das noch warme Bananenbrot in Scheiben schneiden, diese halbieren und auf der Creme platzieren. Vor dem Servieren mit je 1 EL gehackter Schokolade bestreuen.

25 MINUTEN

30–40 MINUTEN

# EASY-COCONUT-BOWL

## MIT FRISCHEN FEIGEN UND NÜSSEN

### ZUTATEN

30 g Walnusskerne

1 frische Feige

300 g Kokos-Joghurtalternative

3 EL Ahornsirup

2–4 Minzblättchen

### SO GEHT'S

1. Die Walnüsse grob hacken. Die Feige waschen, der Länge nach halbieren und in feine Spalten schneiden.
2. Die Kokos-Joghurtalternative mit 2 EL Wasser anrühren, dann auf zwei kleine Schüsseln verteilen und mit Feigen, Walnüssen, etwas Ahornsirup und 1–2 Minzblättchen garnieren.

### TIPP

Je nach Saison können die Freigen durch andere Früchte bzw. Fruchtkompott ersetzt werden. So macht sich im Sommer ein Beerenkompott oder frische Pfirsichspalten hervorragend, während im Winter in Zimt gedünstete Apfelspalten das Weihnachtsessen abrunden.

15 MINUTEN

# HOT-AND-COLD-BOWL

## MIT ESPRESSO-BIRNEN UND WALNUSS-EIS

### ZUTATEN

2 Birnen

50 ml kalter Espresso

veganes Walnuss-Eis

### SO GEHT'S

1 Die Birnen waschen und schälen. Den kalten Espresso mit 100 ml Wasser in einen Topf geben und erst aufkochen lassen, dann die Hitze auf mittlere Stufe reduzieren. Den Topf nach 5 Minuten vom Herd nehmen und die Birnen ca. 15 Minuten ziehen lassen, zwischendruch die Birnen wenden.

2 Die fertig gezogenen Birnen für 5 Minuten zum Auskühlen in das Gefrierfach geben. Das Walnuss-Eis herausnehmen und in etwa 2cm dicke Scheiben schneiden oder mit Hilfe eines Eiskugelportionierers zu Kugeln formen.

3 Zum Servieren je 1 Espresso-Birne und 1 Scheibe oder Kugel Eis in eine kleine Schüssel geben und servieren.

### TIPP

Alle die keinen Kaffee mögen, oder darauf vezichten müssen, können auch anstelle des Espressos 2 Tassen kalten Chai-Tee verwenden.

25 MINUTEN

# ZWETSCHGENKUCHEN-BOWL

## ZUTATEN

### FÜR DEN KUCHEN

Kokosöl

8–10 Zwetschgen

2 TL gemahlener Zimt, plus etwas mehr für das Finish

1 TL gemahlene Fenchelsamen

½ TL gemahlener Sternanis

¼ TL gemahlene Nelken

Meersalz – Pfeffer

280 g Dinkelvollkornmehl

2 ½ TL Backpulver

150 ml Ahornsirup

200 ml Mandeldrink

### FÜR DIE CREME

200 g vegane Joghurtalternative (z. B. Kokos-, Mandel-, Soja-)

3 EL Ahornsirup

1 TL Zitronensaft

## SO GEHT'S

1. Den Backofen auf 180 °C (Ober-/ Unterhitze) vorheizen und eine große ofenfeste Auflaufform oder 6 kleine Formen mit dem Kokosöl einfetten.

2. Die Zwetschgen waschen, halbieren, den Kern entfernen und in dünne Spalten schneiden. Den Boden der Auflaufform mit etwa zwei Drittel der Zwetschgen-Spalten belegen.

3. Die Gewürze mit je 1 Prise Meersalz und Pfeffer sowie Mehl und Backpulver in einer kleinen Schüssel vermengen.

4. 3 EL Kokosöl in einer Pfanne bei niedriger Hitze erhitzen. Den Ahornsirup sowie den Mandeldrink einrühren und kurz erwärmen, dann zu den trockenen Zutaten hinzufügen und zu einem glatten Teig vermengen. Den Teig in die Auflaufform geben, mit den restlichen Zwetschgen belegen und im heißen Ofen (Mitte) 35–40 Minuten goldbraun backen.

5. Währenddessen die Joghurtalternative mit Ahornsirup und Zitronensaft zu einer glatten Creme verrühren.

6. Den Kuchen aus dem Ofen nehmen, ca. 15 Minuten abkühlen lassen und vor dem Servieren mit je 1 EL Creme und 1 Prise Zimt toppen.

20 MINUTEN
35–40 MINUTEN

# VERY-BERRY-CRUMBLE-BOWL

## ZUTATEN

FÜR DEN CRUMBLE

2 Äpfel

1 Zitrone

2 EL Ahornsirup

750 g TK-Beeren-Mix

100 g Hirseflocken

60 g Amarant-Pops

40 g Maisgrieß

30 ml Ahornsirup

2 EL Kokosöl, plus etwas mehr zum Einfetten

FÜR DIE CREME

200 g vegane Joghurtalternative (z. B. Kokos-, Mandel, Soja-)

¼ TL gemahlene (Bourbon-)Vanille

2 EL Ahornsirup

## SO GEHT'S

1 Den Backofen auf 160 °C (Ober-/Unterhitze) vorheizen und vier kleine oder zwei große ofenfeste Auflaufformen mit Kokosöl einfetten.

2 Die Äpfel waschen, halbieren, das Kerngehäuse entfernen und in kleine, mundgerechte Stücke schneiden. Die Zitrone auspressen und den Saft mit dem Ahornsirup verrühren.

3 Die gefrorenen Beeren mit den Apfelstückchen in die vorbereiteten Formen geben und mit dem Ahornsirup-Zitronensaft gut vermengen.

4 Hirseflocken, Amarant-Pops und Maisgrieß in einer Schüssel vermischen, dann den Ahornsirup und das Kokosöl hinzufügen und alles gut verkneten, sodass eine krümelige Masse entsteht. Die Streusel gleichmäßig auf das Obst in den Formen verteilen und den Crumble im heißen Ofen (Mitte) 30–40 Minuten goldbraun backen.

5 In der Zwischenzeit für die Creme die Joghurtalternative mit der Vanille und dem Ahornsirup verrühren.

6 Den Crumble aus dem Ofen nehmen, kurz abkühlen lassen und noch warm, mit je 1 EL Creme getoppt, servieren.

## TIPP

Diese fruchtige Bowl macht sich auch wunderbar als wärmendes Frühstück an kalten Tagen.

15 MINUTEN

30–40 MINUTEN

# HÜTTENZAUBER-BOWL

## MIT BUCHWEIZEN-KAISERSCHMARREN

### ZUTATEN

FÜR DEN KAISERSCHMARREN

1 Banane

1 TL Chia-Samen

200 ml Mandeldrink

3 EL Ahornsirup

40 g Buchweizenmehl

70 g Dinkelmehl

½ TL Backpulver

½ TL gemahlener Zimt

Salz

1 TL Kokosöl zum Braten

AUSSERDEM

½ Zitrone

1 großer Apfel

2 EL Mandelblättchen

1 EL Ahornsirup

gemahlener Zimt

150 g Apfelmark

### SO GEHT'S

1 Die Banane schälen, in eine Schüssel geben und mit einer Gabel zerdrücken. Chia-Samen, Mandeldrink und Ahornsirup hinzufügen und gut vermengen. In einer zweiten Schüssel Mehle, Backpulver mit je 1 Prise Zimt und Salz vermischen. Anschließend die Mehlmischung zu der Bananenmasse hinzufügen und unterheben.

2 In einer Pfanne das Kokosöl erhitzen und den dickflüssigen Teig hineingießen. Die Hitze reduzieren und den Teig auf niedriger Stufe 5–6 Minuten backen. Dann wenden und nochmal weitere 4–5 Minuten goldbraun backen.

3 In der Zwischenzeit die Zitrone auspressen und den Apfel waschen, vierteln, vom Kerngehäuse befreien und klein würfeln. Dann Apfel und Zitronensaft mit Mandelblättchen, Ahornsirup, 1 Prise Zimt und 2 EL Wasser in einen kleinen Topf geben und bei mittlerer Hitze unter ständigem Rühren 4–5 Minuten dünsten. Bei Bedarf noch etwas Wasser hinzufügen.

4 Das Apfelmark mit 1 Prise Zimt verfeinern. Den fertig gebackenen Pfannkuchen mithilfe von zwei Gabeln zerzupfen und auf zwei tiefe Teller verteilen. Die noch warme Apfel-Mandel-Masse daraufgeben und mit je 1 Portion Apfelmus in einem kleinen Schälchen oder in Klecksen servieren.

### TIPP

Statt dem Apfelmark kann auch Mangomark verwendet und der Zimt durch 1 EL Kokosflocken ersetzt werden.

30 MINUTEN

# INDEX


## A

Ahornsirup 14, 15, 20, 22, 25, 28, 30, 34, 36, 40, 42, 44, 46, 50, 52, 58, 62, 66, 68, 72, 74, 76, 80, 82, 86, 88, 92, 96, 98, 100, 102, 104, 106, 108, 110, 112, 116, 120, 126, 128, 132, 134, 136

Amarant-Pops 134

Äpfel 134, 136

Apfelmark 136

Apfelsaft 124

Aprikosen 34

Aprikosenkonfitüre 34

Auberginen 112

Avocado 20, 38, 126

Avocadoöl 38

## B

Backkakao 23, 96, 126

Balanced-Morning-Bowl mit Hanfsamen und Kokos-Joghurt 36

Banana-Dream-Bowl mit Cashew-Schokoladen-Creme 126

Bananen 22, 28, 32, 34, 126, 136

Basilikum 44, 50, 72, 80, 86

Beeren 134

Bella-Italia-Bowl mit Linsen-Bolognese 86

Birnen 130

Blattsalat 60, 64, 68, 92, 104

Blumenkohl 104, 120

Blumenkohlbällchen-Bowl mit Bratkartoffeln 104

Blumenkohlreis-Bowl mit Curry-Linsen 120

Blüten 36, 60, 104

Bohnen 74, 82, 96, 108, 116

Bohnen-Kakao-Bowl mit Couscous 96

Brokkoli 76, 78

Brombeeren 30, 40

Brot 38, 46, 116

Buchweizen 28, 90

Buchweizenmehl 126, 136

## C

Cashew-Käsealternative 102

Cashewkerne 19, 23, 68, 126

Cashewmus 25, 68

Cashew-Polenta-Bowl mit feurigem Gemüse 102

Cashew-Schokoladen-Aufstrich 23

Chia-Samen 36, 42, 44, 92, 104, 136

Chicorée 56

Chiliflocken 20, 22, 54, 64, 82, 84, 96, 98, 110, 120

Chilipulver 74, 100, 102, 112

Chilischoten 78

Colorful-Asia-Bowl mit Erdnuss-Sauce 118

Couscous 58, 96, 98

Cranberrys 76

Creamy-Banana-Bowl mit karamellisierten Birnenspalten 28

Crêpes-Bowl mit Kürbiscreme-Füllung 92

Currypulver 21, 22, 44, 46, 90, 100, 106, 120

## D

Datteln 23, 28, 32, 124, 126

Dinkelflocken 14

Dinkelmehl 34, 92, 132, 136

Dolmades 66

## E

Easy-Breakfast-Bowl mit Avocado-Hummus-Brot 38

Easy-Coconut-Bowl mit frischen Feigen und Nüssen 128

Easy-Pasta-Bowl mit Paprika-Mandel-Sauce 88

Eat-your-Greens-Bowl 78

Erbsen 78, 90

Erdbeeren 34, 124

Erdbeerkonfitüre 36

Erdnussmus 32, 64

Erdnusskerne 118

Erdnussmus 82, 118

Espresso 74, 130

## F

Fancy-Frittata-Bowl 44

Feigen 56, 114, 116, 128

Feldsalat 84, 106, 116

Fenchel 106

Fenchel-Dal-Bowl 106

Fenchelsamen 132

Fruchtige Beeren-Bowl mit Cashew-Bällchen 124

Frühlingszwiebeln 38, 44, 46, 52, 90

Fruity-Quinoa-Bowl 52

Full-Protein-Bowl mit Ofen-Aubergine, Spinat und Kichererbsen 112

## G

Gelbe Beten 60, 62, 110
Geröstete Kürbis-Bowl mit Rotkohl und Quinoa-Bohnen-Salat 108
Greek-Dolmades-Bowl 66
Grießbrei-Bowl mit Zwetschgen-Kompott 40
Guacamole 20, 46, 74
Gurken 38, 50, 64, 66, 98, 100
Gurkensalat-Bowl mit Erdnuss-Tofu Würfel und frittiertem Ingwer 64

## H

Haferflocken 14, 30
Hanfsamen 14, 36, 42, 90
Haselnüsse 19, 62, 124
Haselnussmus 124
Hefeflocken 114
Heidelbeeren 36, 50
Himbeeren 36
Hirse 56, 78, 80, 116
Hirseflocken 28, 124, 134
Hot-and-Cold-Bowl mit Espresso-Birnen und Walnuss-Eis 130
Hot-Creamsoup-Bowl mit Süßkartoffeln und Möhren 84
Hummus 38, 46, 116
Hüttenzauber-Bowl mit Buchweizen-Kaiserschmarren 136

## I

Ingwer 24, 54, 64, 84, 90, 98, 100, 106, 112, 118

## J

Jackfruit 74
Jackfruit-Nacho-Bowl 74
Joghurtalternative 22, 30, 34, 40, 46, 78, 116, 132, 134
Johannisbeeren, rot 34, 124

## K

Karamell-Zimt-Nüsse 15
Kardamom 98
Kartoffeln 104, 110
Kichererbsen 20, 58, 72, 98, 112
Kichererbsenmehl 44, 92
Kirschen 124
Kiwi 42
Knoblauchpulver 20, 44, 62, 64, 100, 110, 112
Kohlrabi 54
Kokosblütenzucker 90
Kokoschips 36
Kokosdrink 32
Kokosflocken 32
Kokos-Joghurtalternative 36, 42, 128
Kokosmehl 32
Kokosmilch 82
Kokosöl 14, 23, 34, 74, 82, 92, 96, 100, 102, 106, 118, 120, 124, 126, 132, 134, 136
Koriander 20, 54, 74, 84, 90, 98, 100, 106, 112, 118, 120
Kräuter 38, 60, 104, 110
Kresse 50, 56, 60, 66, 78, 80, 102, 104, 112, 114, 116
Kreuzkümmel 90, 100, 102
Kreuzkümmelsamen 98, 106
Kümmelsamen 96
Kürbis 108, 114, 116
Kürbis-Burger-Bowl 116
Kürbiskerne 30, 52, 92
Kürbis-Risotto-Bowl mit Feigen und Walnüssen 114
Kurkuma 98, 100, 112

## L

Leinöl 92
Leinsamen 30
Limetten 25, 68, 74, 82, 118, 120
Linsen 60, 68, 86, 106, 120
Linsensalat-Bowl mit Gelber Bete 60

## M

Mais 74
Maisgrieß 102, 104, 134
Mandeldrink 28, 30, 34, 36, 40, 42, 92, 102, 110, 126, 132, 136
Mandelmus 14, 28, 120
Mandeln 14, 19, 28, 30, 32, 36, 42, 50, 52, 76, 86, 88, 110, 120, 126, 136
Mandel-Zimt-Granola 14
Mangos 54
Matcha-Pudding-Bowl 42
Matcha-Pulver 42
Mexican-Rice-Bowl 82
Minze 25, 36, 42, 56, 128
Mohn-Pancakes-Bowl 34
Mohnsamen 34
Möhren 52, 60, 62, 76, 84, 96, 102, 104, 110, 118, 120

## N

Nelken 132
Nuss- oder Samenmus 19

## O

Ofengemüse-Bowl mit Kartoffel-Mandel-Suppe 110
Oliven 102
Oliven, grün 66
One-Pot-Buchweizen-Bowl mit Erbsen und Zuckerschoten 90
Orangen 30, 56, 76

Oregano 96

Oriental-Curry-Bowl mit Tofu-Spießen und spicy Kichererbsen 100

Orientalischer Dip 22

Out-of-the-Garden-Bowl 58

Overnight-Oats-Bowl mit Orangen und Brombeeren 30

## P

Paprika 88, 96, 118

Paprikapulver 44, 46, 74, 82, 96, 98, 100, 102, 112, 120

Pasta 72, 86, 88

Pastinaken 62, 110

Peanutbutter-Bowl mit Salted-Caramel-Topping 32

Petersilie 50, 52, 62, 96, 98, 100

Pfifferlinge 62, 80

Pfifferling-Zucchini-Bowl 80

Pfirsiche 50, 52

Pink-Chicorée-Bowl mit frischen Feigen und Orangen auf Hirse 56

Polenta 40

## Q

Quarkalternative 92

Quinoa 52, 76, 84, 106, 108

Quinoa-Möhren-Bowl mit Mandel-Sesam-Granola 76

## R

Radieschen 38, 54, 58

Rainbow-Bowl mit Cashew-Dressing 68

Rapsöl 98

Reis 62, 82, 100, 114

Reisessig 24, 54, 64

Reisnudeln 118

Reissirup 24, 54, 64, 118

Rosinen 100

Rote Bete 21, 62, 110

Rotkohl 108

Rucola 50, 66

## S

Salzige Gewürz-Nüsse 15

Schnittlauch 46, 58, 108

Schokolade 126

Scrambled-Eggs-Bowls mit Röstbrot und Guacamole 46

Senf 25, 52, 56, 58, 62, 100, 116

Sesam 19, 28, 32, 38, 54, 66, 68, 72, 76, 78, 96, 98, 100

Sesamöl 24, 54, 64

Sesam, schwarz 46, 58, 64, 92, 106

Sojasauce 64, 118

Sonnenblumenkerne 60

Spicy-Asia-Bowl mit Kohlrabistreifen und Mango 54

Spinat 44, 74, 82, 112

Stachelbeeren 50

Sternanis 132

Super-Sommer-Bowl 50

Süßkartoffeln 21, 68, 82, 84, 106

## T

Tagliatelle-Bowl mit Zitronen-Rosmarin-Kichererbsen 72

Tahin (Sesammus) 20, 22, 78

Thymian 40, 88

Tofu 46, 64, 98, 100

Tomaten 44, 46, 60, 66, 68, 72, 74, 80, 82, 86, 92, 96, 98, 100, 102, 112

Tortilla-Chips 74

## V

Vanille 30, 134

Very-Berry-Crumble-Bowl 134

## W

Walnusskerne 114, 128

Walnuss-Eis 130

Weinessig 100

Weintrauben, rot 62

Weißwein 90, 114

Wildreis-Salat-Bowl mit buntem Ofengemüse und Pfifferlingen 62

## Z

Zimt 14, 15, 28, 32, 40, 98, 132, 136

Zitronen 20, 22, 25, 40, 66, 72, 88, 92, 96, 98, 100, 104, 106, 110, 112, 120, 134, 136

Zitronengras 64

Zitronensaft 78, 132

Zucchini 60, 80, 102, 104, 118

Zuckerschoten 90

Zwetschgen 40, 132

Zwetschgenkuchen-Bowl 132

# DANKSAGUNG

Wenn ich heute an all die kulinarischen Reisen durch verschiedene Länderküchen, Restaurants und Marktbesuche zurückdenke, die mich beim Schreiben dieses Buches inspiriert haben, dann heben sich meine Mundwinkel bis über beide Ohren. Ich möchte mich bei meinem Freund Manuel bedanken, der mir mit seinem feinen Gaumen immer zur Seite gestanden ist. Ein Dankeschön gilt auch meiner Freundin Stefanie, die mir bereits vor mehreren Jahren die Vielfältigkeit der veganen Ernährung gezeigt hat. Danke. Ein herzliches Dankeschön gilt meiner Lektorin Diana und dem EMF-Verlag, die dieses Projekt erst ermöglicht haben, sowie Bernadette, die für die wunderbare Gestaltung dieses Buches gesorgt hat. Danke an alle Herzensmenschen, die bei der Erstellung dieses Buch mitgewirkt haben.

# ÜBER DIE AUTORIN

Jessica Lerchenmüller liebt es, auf Reisen zu gehen und die Küchen fremder Länder für die Leser ihres kulinarischen Blogs (www.vollmundig.org) zu erkunden. Moderne und inspirierende Rezepte laden zum Nachkochen ein. Frische, gesunde Zutaten und fantastische Gewürze sind das Geheimnis ihrer Ernährungsphilosophie. Eine Leidenschaft der Vorarlbergerin ist es, für ihre Freunde zu kochen und sie mit ihrem einfachen, aber kreativen Stil in der Küche zu begeistern. Kamera, Notizbuch und Bleistift sind ein ständiger Begleiter.

# FÜR NOCH MEHR VEGANEN GENUSS

Buddha Bowls Vegetarisch
ISBN 978-3-7459-0114-6
**25,00 € (DE) / 25,70 € (AT)**

Van life Kitchen
ISBN 978-3-96093-686-2
**12,99 € (DE) / 13,40 € (AT)**

Vegan for future
ISBN 978-3-96093-868-2
**28,00 € (DE) / 28,80 € (AT)**

# IMPRESSUM

Bibliografische Information der Deutschen Bibliothek.

Die Deutsche Bibliothek verzeichnet diese Publikation in der Deutschen Nationalbibliografie.

Detaillierte bibliografische Daten sind im Internet über http://www.dnb.de/ abrufbar.



EIN BUCH DER EDITION MICHAEL FISCHER

1. Auflage 2021



Covergestaltung & Layout: Bernadett Linseisen

Redaktion und Lektorat: Diana Jedrzejewski

Satz: Lara Nelles und Carolin Mayer

Fotos: Jessica Lerchemüller, Dornbirn; außer S. 10–25 Nadja Buchczik, Bielefeld

ISBN 978-3-7459-0233-4

Gedruckt bei Polygraf Print, Čapajevova 44, 08001 Prešov, Slowakei

www.emf-verlag.de